三教源流聖帝佛祖搜神大全

第一輯 第3冊 三教源流聖帝佛祖搜神大全 正編 第2種

（新編）三教源流聖帝佛祖搜神大全目錄

卷二

卷三

卷四……………………一五〇

卷五

卷六

卷七

三教搜神大全　圖　一卷　一

儒氏源流

至聖文宣王曾曲阜昌平鄉闕里其先宋人也大聖曾大父曰孔防叔避宋華督之難徙居于魯生伯夏伯夏生叔梁紇長子曰孟皮字伯尼有疾不任繼嗣次子則先聖是也曾襄公二十一年冬十一月庚子日乃先聖誕生之日有二龍繞室五老降庭五老者五星之精也毋顏氏之房聞奏鈞天之樂空中有聲云感生聖子故降以和樂笙鏞之音故先聖之生大非凡同而質甚異而首秀圩頂故因名丘字仲尼史記孔子生而叔梁紇沒乃葬於防山孔子為兒之時嬉戲常以師陳俎豆設禮先聖身長九尺腰濶十圍凡四十九表胸有文曰制作定世之符反首洼面月角日準坐如龍蹲立如鳳跱望之如仆就之如昇耳垂珠庭龜脊龍形虎掌胼脇參膺河目海口山臍林背翼臂斗唇注頭龍鼻阜腴堤眉地足谷竅雷聲澤腹昌顏均頤輔喉駢齒眉有一十二彩目有六十四理其頭似堯其顙似舜其項類皐陶其肩類子產自腰以下不及禹三寸有大聖之德學極天

人道設施見於行事負之語也政五綸之事抱識聖帝之能堯舜周公之
美魯定公以先聖為中都宰一年四方諸侯皆則焉九年始為邑宰十年
為司空十一年為司徒攝行相事十四年誅魯大夫亂政者少正卯與聞
國政三月粥羔豚者弗飾賈男女行者別於道塗不拾遺四方之客至乎
邑者不求有司皆予之以歸而大聖雖道高德廣生而知之亦學無常師
張弘學禮于老聃時居魯四十年哀公十一年先聖自衛反魯正樂刪詩書定
禮樂成六藝晚而喜易讀之韋編三絕為之彖象文言繫辭說卦序卦
弟子於洙泗之門從之三千傳徒六萬賢者七十二人昔者先聖未生時
有麟吐玉書於闕里其文名曰水精子繼周衰而素王顏氏異之以繡紱繫
麟角信宿而麟去至哀公十四年西狩大野叔孫氏車子鉏商獲麟
為不祥先聖視之曰麟也胡為來哉反袂拭面涕泣沾衿叔孫聞之然後
取之而繫角之紱[illegible]猶在先聖曰吾道窮矣乃因魯史而作春秋[illegible]
而修中興之告[illegible]而天告先聖之亡徵也先聖病夢奠兩楹之間[illegible]
請見曰子方負杖[illegible]逍遙於門曰賜汝何來遲[illegible]先聖歌曰太山壞乎[illegible]

木壞乎哲人萎乎因以涕下子貢曰天下無道久矣莫能宗予予后七日卒
年七十三以魯哀公十六年夏四月己丑葬於魯城北哀公十七年立廟
於舊宅守陵廟百戶弟子皆服心喪三年畢相訣而去則哭各盡哀或復
留唯子貢廬於冢若六年然後去弟子於廟藏先聖衣冠琴瑟車書弟子
及魯人往從冢而家百有餘室因命曰孔聖鄉世々相傳歲時奉祠於冢
子孫世襲不絕後
高皇過魯以太牢祀孔子有詩贊曰
　穆々廟庭　聖德斯尊　肅々衣冠　聖澤斯尊
　漢祖崇儒　躬拜闕里　太牢之祀　百代伊始
聖朝崇奉追封尊號
大成至聖文宣王　聖室鄆國夫人
聖父封齊國公　聖母封魯國太夫人

釋氏源流

釋迦牟尼佛姓刹利父淨飯夫母清淨妙位登補處生兜率天上名曰勝善天人亦名護明大士度諸天衆說補處行亦於十方界中現身說法普曜經云佛初生刹利王家放大智光明照十方世界地湧金蓮華自然捧雙足東西及南北各行七步分手指天地作獅子吼聲上下及四維無能尊我者即周昭王二十四年甲寅歲四月八日也至四十二年二月八日年十九欲求出家而自念言當復何遇即於四門遊觀見四等事心有悲喜而作思惟此老病死終可厭離於是夜子時有一天人名曰淨居於牕牖中叉手白太子言出家時至可去矣太子聞已心生歡喜即踰城而去於檀特山中脩道始於阿藍迦藍處三年學不用處定知非便捨復至鬱頭藍弗處三年學非非想定知非亦捨又至象頭山同諸外道日食麻麥經于六年故經云以無心意無受行而摧伏諸外道先歷試邪法示諸方便發諸異見令至菩提故普集經云菩薩於二月八日明星出時

成佛號天人師時年三十矣即說法三年癸未歲也既而於鹿野苑中度
憍陳如等五人轉四諦法輪而論道果說法住世四十九年後告弟子摩
訶迦葉吾以清淨法眼涅槃妙心實相無相微妙正法將付於汝汝當護
持并勅阿難副貳傳化無令斷絕而說偈言

法本法無法　無法法亦法
今付無法時　法法何曾法

爾時世尊說此偈已復告摩訶迦葉吾將金縷僧伽梨衣傳付於汝轉
補處至慈氏佛出世勿令朽壞摩訶迦葉聞偈頭面禮足曰善哉善哉
當依勅恭順佛故爾時世尊至拘尸那城告諸大衆吾今背痛欲入涅槃
即往熈連河側娑羅雙樹下右脇累足泊然宴寂復從棺起為母說法
示雙足化婆耆并說無常偈曰

諸行無常　是生滅法
生滅滅已　寂滅為樂

時諸弟子即以香薪競茶毗之燼後金棺如故爾時大衆即於佛前以偈

讚曰

凡俗諸猛熾　何能致火爇

請尊三昧火　闍維金色身

爾時金棺從坐而舉高七多羅樹往反空中化火三昧須臾灰生得舍利八斛四斗即穆王五十二年壬申歲二月十五日也自世尊滅後一千一十七年教至中夏即後漢明帝夜夢金人身長丈六項有日月光以問群臣或曰西方有神其名曰佛陛下所夢得無是乎於是遣使往天竺問其道得此書及沙門以來沙門云佛長一丈六尺黃金色項中佩日月光變化無方無所不入故能通萬物而大濟群生云

道教源流

正閱玄元太上老君紀按洞玄靈寶元始上帝真教元符經道君告皇帝曰昔天地未分陰陽未判溟洪杳冥涬大梵寥廓無光結空自然中有百千萬重正氣而化生妙無聖君歷劫號曰妙無上帝自然元始天尊一號天寶丈人經九億九萬九千九百九十億萬劫次結百千萬重正氣而化生妙有聖君自稱妙有大帝虛皇玉晨大道君一號靈寶丈人經八億八千八百八十億劫次結百千萬重道氣化生混沌聖君紀號至真天帝混沌玄元老君一號神寶丈人老君繼累世化身而未誕生之也迨商第十八王陽甲時分神化氣寄胎於玄妙玉女八十一年暨第二十二王武丁庚辰歲二月十五日卯時誕於楚之苦縣瀨鄉曲仁里姓李名耳字伯陽諡曰聃著道德經五千言按老君聖紀經太上老君居太清境乃元氣之祖宗天地之根本于到收不壁之內大初太始之先惟數御運布氣黜精開化天地所歷劫壞一仪不可量計其化身周流歷涉世界亦

非□□數紀經開闢之後觀世代之澆淳隨時立教代為帝師建立法度或流九天或傳四海自三王而下歷代帝王咸宗奉焉是知天上天下道氣之內皆老君之化也無僻遠之不無不流度蓋百姓日用而不知也老子曰吾乃生乎無形之先起於太初之前行乎太素之元立於太渺之端浮游幽虛之中出入杳冥之門幽竅玄所道德經云老子體自然而然生乎太無之先起乎無因之初經歷天地始終不可稱載又云世人謂老子降於殷代老子之號始於無數劫其杳杳冥冥渺渺邈邈矣開闢已前復下為帝師代代不絕人莫能知之按老子傳記自開闢之前下及殷湯代代為王者師皆化身降世當殷湯甲子十七年庚申始示誕生之跡自太清常道境乘太陽日精化五色玄黃大如彈丸時玉女晝寢流入口中吞之有孕懷八十一歲至武丁九年庚辰剖玉女左腋而生生而白首號曰老子生於李樹之下指樹曰此吾姓也自殷武丁九年庚辰下至秦昭王九年西昇崑崙計九百九十六年矣

按李石續博物志云唐高祖武德三年晉州人吉善行於羊角山見白衣

父老呼善行曰為吾語唐天子吾為老君即汝祖也高祖因立廟高宗追
尊玄元皇帝明皇注道德經令家有習之兩京及諸州各置玄元皇帝
廟京師號玄元宮諸州號紫極宮尋改西京為太清宮東京為太微宮皆
置學生尊號曰大聖祖高上大道金闕玄元天皇大帝
宋國朝會按曰宋真宗大中祥符六年八月十一日制謹奉上尊號曰
太上老君混元上德皇帝
宋仁宗御讚　大哉至道　無為自然　劫終劫始　先地先天
含光默默　求劫綿綿　東訓尼父　西化金僊
百王取則　累聖攸傳　衆教之祖　玄之又玄

玉皇上帝

按聖紀所載云往昔上世有國名號光嚴妙樂其國王者名曰淨德時王有后名寶月光王乃無嗣嘗因一日作是思惟我今將老而無太子身或崩殂社稷九廟委付何人作是念已即便勅下召諸道衆於諸宮殿依諸科教懸諸幡蓋清淨嚴潔廣陳供養六時行道徧禱真聖已經半載不退初心忽夜寶月光皇后夢太上道君與諸至真金姿玉質清淨之儀駕五色龍輿擁大寶旛明霞覆覆時太上道君安坐龍輿抱一嬰兒身毛孔放百億光照諸宮殿作百寶色幢節前道浮空而來是時皇后心生歡喜恭敬接禮長跪道前曰道君言今王無嗣願乞此子為社稷主伏願慈悲哀愍聽許爾時道君答皇后曰而特將賜汝是時皇后禮謝道君而乃收之皇后收已便從夢歸覺而有孕懷不一年于丙午歲正月九日午時誕于王宮當生之時身寶光秋充滿王國也相目以妙好觀者無厭幼而敏慧而慈惠於其國中所有庫藏一切財寶盡以散施窮乏困苦鰥寡孤独無所依

普凱鐘齊發一切衆生已受和遜欲謌有道化及遐方天下仰從歸依太
子父王知喪聖兩已後王忽告崩太子治政俯金浮生告勑大臣嗣位有
道捨從真國於普明秀岩山中脩道功成超度過是劫已歷八百劫常
濟貧病存輯衆生故割愛捨道於此山後經八百劫行藥治病亟救衆生令其
安樂此劫盡已又歷八百劫廣行方便啓諸道藏演說靈章恢宣正化敷
揚神功助國救人自幽及顯過此已後再歷八百劫亡身殞命行忍辱故
捨已血肉如是脩行三千二百劫始證金僊號曰清淨自然覺王如來
宋真宗實錄曰大中祥符七年九月上對侍臣曰自元符之降[illegible]天
下臣每同上玉皇聖號至天禧元年正月辛丑朔帝詣太初殿恭上玉皇
大天帝聖號曰
太上開天執符御曆含真體道昊天至尊玉皇大天帝
格聯
符檢昊天隆恢載咸沾化育
帝臨玉闕統神人悉在鈞陶

聖祖尊號

御製靈遇記曰景德初王中正遇司命真君傳藥金法上之四年十一月
降劉承規之真舍五年始奉上徽號曰
九天司命天尊宋真宗實錄曰大中祥符五年十月十七日上夢景德四
年先降神人傳玉皇之命云令汝祖趙有名此月二十四日降如唐貞元事
至日天尊降延恩殿閏十月己巳加號
聖祖上靈高道九天司命保生天尊

聖母尊號

唐武后光宅二年九月甲寅追尊
聖母曰先天太后　祖殿在亳州太清宮是也
國朝會要曰天禧元年三月六日冊上聖祖母尊號曰
元天大聖后
先是大中祥符五年制加上聖祖母號俟兗州太極觀成擇日奉上至是
詔王旦等行冊禮

東華帝君

東華帝君純一呂在道氣凝寂湛體無為將欲啓迪玄功生化萬物先以東華至真之氣化而生木公於碧海之上蒼靈之墟以主陽和之氣理於東方亦號王公焉與金母皆挺質太元毓神玄奧於東方溟漠之中分大道醇精之氣而成形與王母共理二氣而育養天地陶鈞萬物凡天上天下三界十方男子之登仙得道者悉所掌焉居諸方之上按璉外記方諸山在東海之內其諸司命三十五所以錄天上人間罪福帝君為大司命總統之山有東華臺帝君常以丁卯日登其臺四望學道之者凡仙有九品一曰九天真皇二曰三天真皇三曰太上真人四曰飛天真人五曰靈仙六曰真人七曰靈人八曰飛仙九曰仙人凡此品次昇天之時先拜木公后謁金母受事既訖方得昇九天入三清拜太上而覲元始故漢初有四五小兒戲於路中一兒謌曰着青裙入天門揖金母拜木公時人皆莫知之唯子房往拜焉曰此東王公之玉童也昔元始告十方天人曰吾自造言

混沌化生三儀後御陰陽始封皇上元君自東華扶桑大帝等校量求必定平劫數中皇元年太上於玉清瓊房金闕上宮授帝寶經花圖玉訣使傳後學玉名合真之人故玄綱云東華不秘於真訣是也紫府者帝君校功行之所大海內有三島而十州列其中上島三洲謂蓬萊方丈瀛洲也中島三洲謂芙蓉閬苑瑤池也下島三洲謂赤城玄關桃源也三島九洲鼎峙洪濛之中又有洲曰紫府號三島總治乃帝君之別理統轄靈官職位較量群仙功行自地仙而至神仙神仙而至天仙天仙而轉真聖入虛無洞天凡三遷也皆帝君主之釋之名也東華者以帝君東華至真之氣化而生也分治東極居東華之上也紫府者職居紫府統三十五司命遷轉洞虛官較品真仙也陽者主東方少陽九氣生化萬彙也帝君者位東方諸天之尊君牧群聖為生物之主易曰帝出乎震是也故由東華紫府少陽帝君又真敎元符經云昔二儀未分溟涬濛洪如雞子玄黃之中生自然有盤古真人移古就今見曰臨乃元天地之精自號元始天王游行虛空之中又有太元聖母化生天人經曰劫天王行施聖母遂生天

[illegible]號上皇元年始世三萬六千歲受元始上帝符命為東宮大帝扶桑大
君東皇公號曰元陽父老之仙經或號東王公或號青童君或號東方諸
或號青提帝君名號雖殊即一東華也
恩聖朝至元六年正月日上尊號曰
東華紫府少陽帝君

西靈王母

西王母者乃九靈太妙龜山金母也號太虛九光龜臺金母元君乃西華之至妙洞陰之極尊在昔道氣凝寂湛體無為將欲啟迪玄功化生萬物先以東華至真之氣化而生木公焉木公生於碧海之上蒼靈之墟以主陽和之氣理於東方亦號曰東王公焉又以西華至妙之氣化而生金母焉金母生於神州伊川厥姓緱氏生而飛翔以主元毓玄奧於眇莽之中分大道醇精之氣結而成形與東王公共理二氣而養育天地陶鈞萬物矣柔順之本為極陰之元位配西方母養群生凡上天下王界十方女子之登仙得道者咸所隸焉所居崑崙之圃閬風之苑其山之下弱水九重洪濤萬丈非飆車羽輪不可到也周穆王三十五年命八駿使西巡狩至崑崙賓謁祠見之持白圭重錦以為王壽事時王母以瑤池邪樂紫府鐘鼓九天仙樂與穆王燕於瑤池穆王國政不治宗廟荒廢歸至人間國危矣

王母去 吾色不止神不清 思慮不止心不寧 悔吝糾纏神不安 精不定兮道不成

后土皇地祇

天地未分混而為一二儀初判陰陽定位故清氣騰而為陽天濁氣降而為陰地為陽天者五太相傳五天定位上施日月參差玄象為陰地者五黃相乘五氣凝結負載江海山林屋宇故曰天陽地陰天公地母也世所謂土者乃天地初判黃土也故謂土母正朝在汾陰宋真宗朝大中祥符五年七月二十三日詔封后土皇地祇其年駕幸華陰親祀之今揚州玄妙觀后一祠也殿前瓊花一株香色柯葉絕異非世之常品也

真宗皇帝封曰

承天效法厚德光大后土皇地祇

玄天上帝

按混洞赤文所載玄帝乃元始化身太極別體上三皇時下降為太始真人中三皇時下降為太元真人下三皇時下降為太乙真人至黃帝時下降為當上天開皇初劫下世紫雲元年歲建甲午三月初一日甲寅庚午時符太陽之精托胎化生淨樂國王善勝夫人之腹孕秀一十四月則太上八十二化也淨樂國者乃奎婁之下海外國上應龍變梵度天玄帝產母左脇當生之時瑞雲覆國異香芬馥地土皆變金玉瑞應之祥茲不備載生而神靈異措隱顯年及十歲經典一覽悉皆默会仰觀俯察靡所不通潛心念道志氣太虛願輔上帝普福兆民父王不能抑志年十五辭父母欲尋幽谷內煉元真遂感玉清聖祖紫虛元君傳授無極上道元君告玄帝曰子可越海東遊歷於翼軫之下有山自乾兌起跡盤旋五萬里水出震宮自有太極便生是山應顯定極風天太安皇崖二天子可入是山擇衆峯之中冲高紫霄者居之當契太和昇舉之後五百歲當龍漢二劫中披髮跣

廷攝離坎真精歸根復位上為三境輔臣下作十方大聖方得顯名億劫
與天地日月齊并是其果滿也告畢元君昇雲而去玄帝乃如師語越海
東遊歩至翼軫之下果見師告之山山水藏沒覺應師言乃入觀覽果有
七十二峯之中有一峯聳翠上凌紫霄下有廿嵓當陽虛寂若是玄帝[illegible]
師之誡曰山曰太和山峯曰紫霄峯嵓曰紫霄嵓遂即居焉潛虛玄一默
會萬真四十二年大得上道於黃帝紫雲五十七年歲次甲子九月初九
日丙寅清晨忽有祥雲天花自空而下迷漫山谷繞山四方各三百里林
巒震響自作步虛仙樂之音是時玄帝身長九尺面如滿月龍眉鳳目紺
髮美髯顏如冰清頂帶玉冠身披松蘿之服跣足拱手立于紫霄峯上須
臾雲散有五真群仙降于玄帝之前道從甚盛非凡見聞玄帝稽首祗奉
奉迎拜五真曰予奉三清玉帝詔以子功滿道備升舉今聞子之聖父聖
母已在紫霄矣玄帝俯伏恭聽五真乃宣詔畢可特拜太玄元帥領元和
遷校府公事賜九德偃月金晨玉冠瓊華玉贊碧理寶圭玄綃飛雲冠霞
之帔紫綃龍衮丹裳羽綵絳綵裙七寶銖衣元光朱履飛紅雲烏珮太

玄元聖祖冊號玄帝印封北方二十三台龍劍飛雲玉輅丹輿綠輦羽蓋瓊
輪九色之節十絕靈旛前嘯九鳳後吹八鸞天丁玉女億乘萬騎上赴九
清詔令奉行玄帝再拜受詔易服訖飛昇金闕按元洞玉曆記云玄帝
出世當上天龍漢二劫下世洪水方息人民始耕殷紂王淫心失道驕奢
上天生靈方足衣食心叛正道日造罪孽惡毒自橫遂感六天魔王引諸
神鬼傷害衆生毒氣盤結上衝太空是時元始天尊說法於玉清聖境天
門震開下見惡氣彌塞天光於是妙行真人叩誠求請願救群黎元始乃
命玉皇上帝降詔紫微陽則以周武伐紂平治社稷陰則以玄帝收魔間
分人鬼當斯時也上賜玄帝披髮跣足金甲玄袍皂纛玄旗統領丁甲下
降凡世與六天魔王戰於洞陰之野是時魔王以坎離二炁化蒼龜巨蛇
變現方成玄帝神力攝於足下鎖鬼衆於酆都大洞人民治安宇宙清肅
玄帝凱還清都面朝金闕元始敷命以玄帝功齊五十萬劫德並三十三
天九霄上賴於真威十極仰依於神化有大利施於下民積聖德遍之宇
王曆按遵簡籙當爲帝真不有徽崇何以昭德特賜尊號拜玉虛師相玄

天上帝領九天採訪使聖父曰淨樂天君明真大帝聖母曰善勝太后瓊真上仙下蔭天闕曰太玄火精含陰將軍赤靈尊神地軸曰太玄水精育陽將軍黑靈尊神並居天一真慶之

格聯

紫極騰奮瑞映八方世界

玄天著德恩覃十部鬪羅

又

殿向橋東開演漾水声登貝帝

山之方丘葺神仙宮山色映蒲團

梓潼帝君

按清河內傳余本吳會間人生於周初后七十三代今改為化字帝君曰吾一十七世為士大夫身未常虐民酷吏週人之急濟人之乏容人之過憫人之孤性烈而行察同秋霜青天白日之不可犯后西晉未降生於越之西雋之南兩郡之間是時丁未年二月初三日誕生祥光罩户黃雲遶野居處地府沂濱里人請清河叟曰君今六十而獲貴嗣童稚時不喜嬉戲每慕山澤往往語言若有隱意器誦群書長遊般子自笑自樂身体光射居民祈禱則余唯訓長號曰士木而能衣人之衣食人之食享之而有譏謗之而有禍我為人而為無繁衆自后夜夢或為龍或為王者天符或為水府謫仙而不甚信為上兆三農憔悴嘉禾無熟舞雩祝神招然無驗余以陰司受治水府今方當驗夜往水際以夢中告邀牒河伯而驚蒐不恐但怖不能忍須之間雷雲四合風飛雷震一吏稽首余前曰運判綝所余曰非我也我乃張老之子名亞故錄水府得道者吏曰奉命假于余

曰家人如何吏曰先到治所令余惺懼未決吏扶上一白驢而去恍惚之間風雨聲中頓失鄉地到一山崖逕劍嶺而撐參宮臺也若鳳凰之儀下有石湫引余入一巨穴門有一石屋句吏曰民之禱雨祝此石而有應名曰雷柱吾方褰衣入穴吏又曰君記問室為人七十三化陰德傳家而迄今否余方大悟若夢覺也吏曰君在天譜得神之品於人世界有知之者晉不曰有中興之兆君可尋方而顧從余曰謝天使響報也入穴則若墮千仞之壑近地而足不沾若騰身虛空有王者之宮中有禁衛余入遂見家人悉都其間改曰作儒士往咸陽請姚長之故事清河內傳焚香者切記廟在劍州梓潼縣唐玄宗幸蜀神迎於萬里橋追封左丞相僖宗播遷亦有陰助之功加封順濟王宋太祖初得蜀也以仁取之以仁守之亦爾神陰隲昰相有以輔吾仁也

靈應廟神加封聖號

忠文仁武孝德聖烈王　聖后協應德忠妃

聖父顯慶慈祐仁裕王　聖母昭德積慶慈淑妃

聖子嗣德王　　聖婦善助顯懿夫人
聖子昌德王　　聖婦順助慈懿夫人
聖孫紹應昭靈侯　　聖孫婦淑應夫人
聖孫承應宣靈侯　　聖孫婦惠應夫人
佐神英惠忠烈翼濟福安王即報恩太尉也
左右桂祿二籍仙官
聖朝延祐三年七月七日加封聖號
輔元開化文昌司祿宏仁帝君
帝君殿在九曲之處盖九曲水來朝九折而去經行山麓路成七曲其殿
有降筆亭亭中以金索懸一五色飛鸞口啣筆用金花牋數百番當
筆下筆畢皆具亭門本府差官封鎖甚嚴以防欺偽之弊降筆訖其亭內
有銅鐘自鳴廟吏聞於本府本府差官啓鑰取書以觀報應其降筆多勸
人以忠孝為本詐逆曦僭偽蜀王之日具犧牲設俎豆粢盛親詣　帝
君廟設祭甫欲行孔黑風驟起滅燭撤香逆曦恐懼俯伏殿下須臾開明

視祝祝汝已碎作兩片矣　帝君奉
玉帝旨佐南斗注生由是求嗣者多禱焉

上天聖號

金闕昊天檢校洞照通真先生九天開化主宰靈應大天帝上僊無皆吉君
統僊班證佛果聖號

混天內輔三清內宰大都督府都統三界陰兵便行宜事賞罰天地水三界
獄事收五嶽四瀆真形虎符龍券總諸天星耀判桂祿二籍上僊元皇真
人司祿職貢舉真君須編脩飛僊列籍掌混天造化輪迴救苦天尊九天
定元保生扶教開化生宰長樂永祐靈應大帝定慧證果伽釋梵鎮如來
佛

饒一着添子孫之福壽　退一步免隙駒之易過
忍一言免駟馬之難追　息一怒養身心之精神

神霄小吏必靈讚曰
妙哉斯編　誠哉斯言　謹守行之　福祐自天

三元大帝

三元大帝乃是元受真仙之骨受化更生再趣為人父姓陳名子椿又曰陳郎為人聰俊美貌於是龍王三女自結為室三女生於三子俱是神通廣大法力無邊天尊見有神通廣法顯現元始即封為

上元一品九氣天官紫微大帝即誕生之符始陽之氣結成至真處玄都元陽七寶紫微上宮總主上宮諸天帝王上聖高真三羅萬象星君

中元二品七氣地官清虛大帝九土无極世界洞空清虛之宮總主五岳帝君并二十四治山九地土皇四維八極神君

下元三品五氣水官洞陰大帝洞元風澤之炁晨浩之精金靈長樂之宮總主九江水帝四瀆神君十二溪真三河四海神君每至三元日三官考籍大千世界之內十方国土之中上至諸天神仙升臨之籍星宿照臨国土分野之簿中至人品考限之期下至魚龍变化飛走万類蠢動生化之期並俟三官集聖之日録奏分别隨業改形隨福受報隨劫轉輪隨業生

死善惡昭緣無復差別宜悉知之

上元一品天官賜福紫微帝君正月十五日誕生

中元二品地官赦罪青靈帝君七月十五日誕生

下元三品水官解厄暘谷帝君十月十五日誕生

東嶽

泰山者乃群山之祖五嶽之宗天地之孫神靈之府也在兖州奉符縣今泰安州是也以梁父山為儲副東方朔神異經曰昔盤古氏五世之苗裔曰赫天氏赫天氏曰胥勃氏胥勃氏曰玄英氏玄英氏子曰金輪王金輪王弟曰少海氏少海氏妻曰彌輪仙女也彌輪仙女夜夢吞二日覺而有娠生二子長曰金蟬氏次曰金虹氏金虹氏者即東岳帝君也金蟬氏即東華帝君也金虹氏有功在長白山中至伏羲氏封為太歲為太華真人掌天仙六籍遂以歲為姓諱崇其太歲者乃五代之前无上天尊所都之地今之泰高是也其后乃水一天尊之女也至神農朝賜天符都官號名府君至漢明帝封泰山元帥掌人世居民貴賤高下之分禄科長短之事十八地獄六案簿籍七十五司生死之期聖帝自堯舜禹湯周秦漢魏之世只有天都府君之位按唐會典曰武后垂拱二年七月初一日封東岳為神嶽天中王武后萬歲通天元年四月初一日尊為天齊君玄宗開元

十三年加封天齊王宋真宗大中祥符元年十月十五日詔封東嶽天齊仁聖王

至祥符四年五月日尊為帝號

東嶽天齊仁聖帝

淑明皇后

聖朝加封大生二字餘封如故

帝五子

宣靈侯

惠靈侯　和惠夫人

至聖炳靈王　永泰夫人

居仁嘉濟尊師

佑靈侯　淑惠夫人

帝一女

玉女大仙即岱岳太平頂玉仙娘娘是也

至聖炳靈王

炳靈者東嶽天齊仁聖帝第三子也唐太宗加威雄將軍至宋太宗封上呉炳靈公大中祥符元年十一月二十五日封至聖炳靈王

佑聖眞君

佑聖眞君者眞君姓孝諱伯本長安咸陽人也自幼出家參訪名山洞府遇王君賜長生之術得道稱為天仙至漢明帝乾儀朔三年天書忽降皆王掌龍文云大帝保命眞君與聖壽帝同參生死共管陰府之事宋太宗封佑聖眞君至眞宗加封九天司命上部賜福佑聖眞君

南嶽

南嶽衡山衡州衡山縣是也以霍山爲儲副東方朔神異經云神姓崇諱

南嶽主於世界星辰分野之地兼鱗甲水族龍魚之事大中祥符四年

五月二十五日追尊帝號

司天昭聖帝　后明景后

聖朝加封大化二字餘封如故

西嶽

西嶽華山在華州華陰縣是也以太白山為儲副東方朔神異經云神姓善諱曜西岳者主管世界金銀銅鐵五金之屬鑄坑冶兼羽毛飛鳥之事太中祥符四年五月五日追尊帝號

金天順聖帝　肅明皇后

聖朝加封太利二字餘封如故

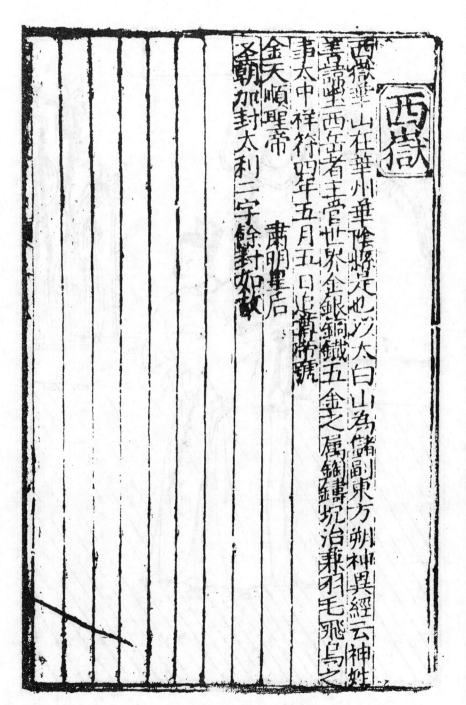

北嶽

北嶽恒山在定州曲陽縣是也以嶂嵋山為儲副東方朔神異經云神姓晨諱萼北嶽者主於世界溫河淮濟兼虎豹走獸之類蛇虺昆虫等屬太中祥符四年五月五日追尊帝號

安天玄聖帝　　靜明皇后

聖朝加封大貞二字餘封如故

中嶽

中嶽嵩山在西京河南府登封縣是也以少室山為佐副東方朔神異經云神姓惲諱善中嶽者主於世界地澤川谷溝渠山林樹木之屬大中祥符四年五月五日追尊帝號

中天崇聖帝　正明皇后

聖朝加封大寧二字餘封如故

四瀆

江　河　淮　濟

江瀆楚屈原大夫也唐始封二字公宋加四字公
聖朝加封四字王號
廣源順濟王

河瀆漢陳平也唐始封二字公宋加四字公
聖朝加封四字王號
靈源弘濟王

淮瀆唐裴說也唐始封二字公宋加四字公
聖朝加封四字王號
長源溥濟王

濟瀆楚伍大夫也唐始封二字公宋加四字公
聖朝加封四字王號
清源溥濟王

泗州大聖

泗州僧伽大師者世謂觀音大士應化也推本則過去阿僧祇殑伽沙劫值觀世音如來從三慧門而入道以音聲為佛事佇以悲濟緣之衆乃謂大師自西國來唐高宗時至長安洛陽行化歷吳楚間手執楊枝混于緇流或問師何姓即答曰我姓何又問師是何國人師曰我何國人尋於泗上欲構伽藍因宿州民賀跋氏舍所居師曰此本為佛宇令掘地果得古碑香積寺即齊李龍建所創又獲金像衆謂然燈如來師曰普光王佛也因以為寺額景龍二年中宗遣使迎大師至輦轂謁加禮異命居薦福寺帝及百官咸稱弟子度慧儼慧岸木义三人御書寺額普光王寺三月三日大師示滅敕令就薦福寺漆身起塔俄臭氣滿城帝祝送師歸臨淮言訖異香騰馥帝問萬迴曰僧伽大師是何人耶曰觀音化身耳乾符中謚證聖大師

五聖始末

按祖殿靈祐集云五顯公之神在天地間相與為本始至唐光啓中乃降于兹邑前誌未有登載故老來者無所考據惟邑中耆口以相傳邑民王瑜有園在城北偏一夕園中紅光燭天邑人驚異望觀之見神五人自天而下導從威儀如王侯狀黃衣皂縧坐胡床呼瑜而言曰吾受天命當食此方福佑斯人什勝于此而來至止我廟食此則福汝亦無憂瑜拜首曰惟命言訖禪雲四方神昇天矣明日邑人來相宅方山在其東佩山在其西左環杏嶺右繞蛇城南北兩澗會而前坐石大溪出來縈紆西下兩峰特秀巍然水口良然佳處也乃相與手來斬竹雜茅作為華屋立像肖貌揭虔安盤門遂聞之鄉集輪溪曰是神降格有功於國福佑斯民無時不顯先是廟號止名五通大觀中始賜廟額曰靈順宣和年間封兩字侯紹興中加四字侯乾道年加八字侯淳熙初封兩字公甲辰間封四字公十一年加六字公慶元一年加八字王嘉泰二年封兩字王嘉定元年封四字

王累有陰助于江左封六字王十八年十一月告下封八字王
理宗改封八字王號
第一位顯聰昭應靈格廣濟王　顯慶協惠昭助夫人
第二位顯明昭烈靈護廣祐王　顯惠協慶善助夫人
第三位顯正昭順靈衛廣惠王　顯濟協佑正助夫人
第四位顯直昭佑靈貺廣澤王　顯佑協濟喜助夫人
第五位顯德昭利靈助廣成王　顯福協愛靜助夫人
王祖父啓佑真應敷澤侯　祖母衍慶助順慈貺夫人
王父廣惠慈濟孚義侯　母崇福慈濟慶善夫人
長妹嘉應贊惠淑顯夫人　次妹慈順福淑靖顯夫人
至和史下二神者五公既貴不欲以禍福驚動人之耳目而委是二神
司之歟
黃衣道士　紫衣道士太師
輔靈翊善史侯　輔順翊惠下侯

剋應助順司侯　　令狐寺丞
王念二元帥　　打拱馮太保
打拱胡百二撿察　　祚打拱胡靖一總管
打拱黃太保　　打拱王太保
金吾二大使　　掌善罰惡判官

天猷嘗觀鈕山所作神傳知安樂公之名本於芸居楷基蒹詳天猷聖
靈遷呂持往訪劉仕山遇老且述其事云昔有司馬頭陀至山之南曰此
田見道踪禪師謂塔回五百歲此山九十五載自南嶽磬往而來若後靈
地頗與禪居闘揚佛告是夜宴五神人來曰求珠當入九重之淵欲覓公
登萬仞之嶺上有優游平地閎從然黎明司馬命樵人開道登山見一白
鹿衝往前遊自循嶺而上又數百步地平如掌忽見五神人曰此處乃弟
子眷屬所居弟子受佚記囑令酧答此續侯壽命如有所缺弟子願給備
之將隨即其地治基建寺后三日復見五神人現前瑯問曰今此何往
答曰后山枯木足可居也瑯一日往謝之神人果從枯樹樹中出瑯問曰

安樂否神人曰弟子姓安名樂後此山神及樹皆稱安樂之名璆乃馬祖時人也唐憲宗元和初時成名曰龍山院大和二年有洪覺禪師道膺入山開堂說法常有五老人來聽一日洪覺問曰公何人對曰山前檀越言訖而行洪覺令人觀其所往至山側小池躍入其中遂不見至今人呼為五龍池云

癸巳紹定六年三月三日朱衣僧朗泉入歙進書

按祠非撰星源志所載云非為當時嘗見之二小碑載其事因發源遺徵事祖廟舊之去今不知所存或曰本朝神祠見於舊要姓氏皆可考惟此神無姓氏何耶非曰昔為而為名者所謂兇神也周禮小宗伯兆五帝於四郊漢儀祠五祀宋何則位于昊天之側從之以五人帝五官神皆五行之氣也五行為天地間至大之福必有為之主宰者故曰元冥曰祝融曰句芒曰神等曰后土皆指水火金木土而言之物今五神之降于此豈非然耶五行之造化以福生民乎或者又以五聖為五通非正神也叮名實不辨此故不知敘肆為議論可笑矣蓋本朝政和元年

正月□□五通之□□□□已立祠宣和五年我五聖適有通貺等號之封前后十餘年□□彼之邪祟比之已聪然甚明尚可得而並論之並亦緣鄉曲前輩偽傳會佛有六通弟子五通之說以啟後人之疑每歲四月八日本縣啟建□善會□得人齊四方并海外求者輻輳殆極嚴非有形驅勢迫而使之然本朝襲封勅告並藏縣庫景泰二年欽降御書扇五柄並置專局在廟收藏

宋廸公郎國史實錄遍校文字胡升謹書

萬迴虢國公

萬迴公者虢州閿鄉人也姓張氏唐貞觀六年五月五日生生而癡愚至八九歲方能語嘯傲如狂鄉黨莫測一日令家人先歸云有勝客至是日三藏玄裝自西國還訪之公問印度風境了如所見裝作禮圍繞稱是菩薩有兄萬年久征遼左母程氏思其音信公曰此甚易爾乃告母而往達暮而還及持書蹤甲驚異其童與寺沙門大明少而相狎公至求往明師之室有正諫大夫明崇儼夜過寺見公左右神兵侍衛崇儼駭之詰但言與明師亭施金繒作禮而去咸亨四年高宗召至內武后賜錦袍玉帶時有扶風僧蒙頭者甚多靈跡先在內每曰迴來迴來及公至又曰替到當去旬日而卒景雲二年十二月八日師卒于長安不祿壽年八十時異香氤氳舉体宋時特贈司徒虢國公葬上官給五年正月十五日窆于京師香積寺

許真君

許遜字敬之南昌人吳赤烏二年正月念八日降生母先夢金鳳啣珠墜於懷中而有娠父許肅祖父世慕仙道真君弱冠師大洞真君吳猛傳三清法遍通經史舉孝廉拜蜀旌陽縣令也以晉亂棄官與吳君同遊江左會王敦作亂二君乃假符呪詣敦欲止敦而存晉也一日同郭璞候敦敦怒而說曰孤昨夢將一木上破其天神帝位果吉乎請先生圓之許曰此夢非吉矣曰木上破天是未字明公未可妄動又令璞筮之曰事無成問壽曰若起事禍將不久若住武昌壽不可測敦怒曰卿壽幾何曰予壽盡今日敦令武士執璞赴刑二君同敦飲席間乃隱形去至廬江召舟過金陵舟師辭以無人力駕舡二君曰但載我我自行舡仍戒舟師曰汝宜堅閉戶隱看聞舟行聲慎勿潛窺於是入舟頃刻間舟師聞舟搖撼木葉聲遂潛窺見二龍駕舟在半霄峯頂敢知其窺委舟而去二君曰汝不信吾教今至此奈何遂令舟師舟隱此峯頂教服靈草授以神仙術無

之蹤跡今尚存焉後任豫章遇一少年容儀修整自稱慎郎真君與之話知非人類既去謂門人曰適少年乃蛟蜃之精吾念江西累遭洪水為害若不剪除恐致逃遁蜃精眼一覩見真君化一黃牛於洲北真君謂弟子施太玉曰彼蛟精今化黑牛仍以白巾與汝鬬汝見之當以劍截彼俄頃二牛奔逐太玉以劍中黃牛之左股因投入城西井中黑牛亦入井蜃精從左股走精先在潭州化一聰明少年人多珍寶娶刺史賈玉女常旅遊江湖必多獲寶貨而歸至是空歸自云被盜所傷刺史世報云有道流許遜之見使君賈出接坐定真君曰聞君得佳婿略求見之慎郎托疾不出真君厲聲曰蛟精老魅焉敢遁形蛟乃化本形至堂下命空中神殺之又令將二鬼來真君以水噀之即成小蜃賈女害其兒哀父母力懇乃止令穿屋下丈餘地皆有水際又令促移俄頃官舍沉沒為潭蹤跡皆宛然除蜃後於東晉太康二年八月一日於洪州西山舉家白日上昇真君自飛昇之後里人與其君族人就其地立祠以所遺詩一百二十首寫竹簡之上載之匣筒令人探取以決休咎名曰聖籤宋徽宗政和二年五月十七日宣

敕號曰　神功妙濟真君改號為宣陽頌旨下降[illegible]帝因省書于崇政
殿恍然似夢覺見東華門內有一道士戴九華巾披絳道服道從者甚衆登
丹墀起揖而前乃知是何人不認而問對曰吾為許旌陽權掌九
天司職上帝詔[illegible]觀聯國經討故國復謂問狀思後自[illegible]
錢愈真君有樂[illegible]子傾樂一粒[illegible]於[illegible]上覽[illegible]
流酥灌体入骨清涼遂指而去行數步復回顧曰五嶽[illegible]落頸[illegible]
皇舉眼一看忽然[illegible]如夢[illegible]所見者[illegible]
舉詔真君遺跡去處[illegible]即取本[illegible]進[illegible]因指壞[illegible]
法循換[illegible]便[illegible]供辨[illegible]春加至道玄[illegible]字[illegible]
敬

詩曰
從來世代出神仙　爭似旌陽[illegible]
歷劫[illegible]千載後　應當[illegible]

偈聯　三尺龍[illegible]千年鏡[illegible]
一根鐵柱鎖定西江萬古秋[illegible]

寶誌禪師

寶誌禪師宋元嘉中見形於東陽鎮古木鷹巢中朱氏聞巢中兒啼遂收育之因以朱為姓施宅為寺焉公旬出家依鍾山道林寺常持一錫杖懸刀尺及鏡拂之類或掛一兩尺帛數日不食無饑容時或歌吟詞多讖記士庶皆共事之齊建元中武帝謂師惑衆收付建康獄既旦人見與入市及撿獄如故建康尹以事聞帝延於宮中之後堂師在華林園忽一日重著三布帽亦不知於何所得之俄豫章王文惠太子相繼薨齊亦以此貴矣由是禁師出入梁高祖即位下詔曰誌公迹拘塵垢神遊冥寂水火不能燋濡蛇虎不能侵懼語其佛理則聲聞以上談其隱淪則遁仙高者豈以俗士常情空相拘忌何其愚陋至於此自今勿得復禁師或一問封帝食鱠帝曰一不知味二十餘年師何為爾師乃吐出小魚鱗尾依然今建康尚有鱠殘魚是也皇后郗氏崩數月帝常追悼之晝則忽忽不樂宵則耿耿不寐居寢殿聞外騷窣聲視之乃見一蟒盤躃上殿睒睛呀口

以向於帝帝大驚駭無所逃遁不得已蹶然而起訊蟒曰朕宮殿嚴邃非爾蛇類所生之處必是妖孽欲祟朕耶蛇為人語啓帝曰蟒則昔之郗氏也妾以生存嫉妬六宮其性慘毒怒一發則火熾矢射損物害人死以是罪謫為蟒耳無飲食可實口無窟穴可庇身飢窘困迫力不自勝又一鱗甲有蟲多唼嚙肌肉痛苦甚劇若加錐刀焉蟒非常蛇亦復變化而至不以皇居深重為阻耳感帝平昔眷妾之厚故託醜形陳露於帝祈一功德以見拯拔也帝聞之嗚呼感激既而求蟒不復見帝明日大集沙門於殿庭宣其由問善之最以贖其苦師對曰非禮佛懺滌悃款不可帝乃然其言搜索佛經錄其名號兼親抒睿思灑聖翰撰悔文共成十卷皆採摭佛語削去閒詞為其懺禮又一日聞宮室內異香馥郁良久轉美初不知所來帝因仰視乃見一天人容儀端麗謂帝曰此則蟒後身也蒙帝功德已得超昇利天今呈本身以為明驗也慇懃致謝言訖而去此見梁武懺序等于梁天監十三年冬將卒忽告衆僧令移寺金剛神像出置于外乃密謂人曰菩薩將去矣未及旬日無疾而終舉體香軟在世九十七年帝以錢

三千萬易定林寺前岡獨龍阜以葬師永定公主以湯沐之資造浮圖

級於其上帝命陸倕製銘辭琰琛珠以飾塔表南唐保大七年改號

塔名應世宋太宗太平興國二年舒民利豐僧往寶感山掘

掘之得石篆乃寶公記聖祚綿遠之文於是遣使致謝謚曰寶公妙覺大師咸

平初更謚道林真覺大師按建康實錄開善寺有誌公履唐神龍初鄭克

俊取之以歸長安今洗鉢池尚在塔西二里法雲寺故方池是也

盧六祖

盧六祖名慧能居廣東韶州府人傳云嘗見曹溪水香遂於其地擇一道場求之地主但云只得一袈裟地足矣地主從之遂以袈裟鋪設方圓八十里今南華山六祖道場是也從坐化自唐宣宗時至今六百有餘年肉身俱存香烟薰黧面如漆光至元丙子年漢軍以利刃錯其腹見心肝如生人於是不敢犯衣鉢書載之北今已發向有宋宗御賜袈裟織成淡山水有西天鉢非銅鐵非水石有西天優非華非木竟不知何物有法華經十六七葉有傳西以小銀合載之元有一孽龍據深潭為民害六祖曰只怕你變小其龍果變小遂以鉢盂載之任寺中乾枯歸隨後其龍尚存久矣

三茅真君

太玄真人內傳茅君曰真人姓茅咸陽南關人也聖祖諱𡧃字拱倫仕秦莊襄王為盈信侯父乃盈信侯第六子諱祚字彥矣有三子長子諱盈字叔申次子諱固字季偉小子諱衷字思和盈年十八棄家恒山讀老子書及周易傳採取山木而餌服之積六年夜夢太玄玉女把玉札而携之曰西城王君得真道可為師矣明辰啟到西城齋戒三月乃見王君盈篤禮在之驅馳翔於秀嶺之陰於是越艱難絕阻不憚以前君乃使衛官見揖將遂王君洞臺之中親侍日夕執巾僕之役如是十七日王君見君謹愼使主領衣書神錄之章僕三年乃命駕造白玉龜山請王母於清虛宮從焉西王母曰盈真兮乃挾衡人以登靈堂不亦勞乎王君笑而不答因曰君起再拜自陳願賜長生之術王母曰五岳昔先師元始天王及扶桑大帝君時乃問居於希林之臺積宵之房說玄玄之道見遺以要言所謂玉佩金璫之道太極玄真之經也君拜受所言王母勑王君一一辯釋玄玄

之經又自救出金罏之文以口告於君也受命言訖王君將初歸西城較
而行之三年之中色如女子自有流光面生玉澤王君又賜君九轉還丹
二劑及神方一首誓之曰道已成可以反矣後百年求我於南岳將授汝
仙在於吳越也於是辭師乃歸將年四十九君父母尚在見之大怒曰為
子不孝不覲供養尋逐妖亡流走四方欲杖罰之君長跪謝曰猛受命應
當得道今道已成不可杖擊恐三官考察非小故也父不信於是操杖向
君適欲舉杖杖即摧折成數段數段皆飛揚如弓矢之發中壁壁穿中柱
柱陷父悟不敢打然乃止父又曰汝言得道能起死人否君曰死人有罪
重積惡不可復生有夭壽短折者則可令也乃召社公問此村中已死
者誰可召還促約所關由使發遣之至日入之後社公來白事云某甲已
決了便可發出於是掘出棺柩而出之三日能坐語言了了如此發救
人家皆蒙生活鄉里遠近咸崇尚之為神明之君後十餘年君父母死行喪
如禮中弟固[illegible]帶將[illegible]以武威太守弟果以以節行顯名從
梁國為孝王上賓[illegible]年還維陽令後拜為五更大夫轉西河太

宅固是時為佩金吾亟當之宅鄉里父老及童幼相送者有數百人時君
謂在座曰吾雖不作二千石卿相亦有神靈之職來年四月三日當之
官諸君乃能來觀如今日会集否衆賓皆相然至期日門前數頃地忽自
平治无復寸草皆青縑帳屋下容數百人坐遠近翕赫相語來者萬遺
皆金案玉盃奇殽異果金石絲竹聲動天地莫不酔飽及辭去里人曰益
歎以此道誘勸二弟来從冥寂也言訖乃登羽車浮空而去二弟乃休官棄
家以渡元帝永光五年三月六日渡江見兄於東山遂與相見於是並教
二弟服守始生咽氣液之道各賜九轉還丹一劑拜而服之仙道仙道
成君乃授二君道賜玄水玉液用芝使二弟清齋服藥食芝畢復與二弟
心齋三月詣青童方諸宮請名於崑崙請西城洞宮朝見總真上宰次詣轉
山之朱宮謁太虛天真人歸方諸請地仙三真之秉造赤城受真交神符
文之羅霍求華旌繡旛又登上紫元宮諸金闕之下受聖君之書是從遂任
有地真上仙定錄神君之號與神司命保命仙君之位焉漢哀帝時
元壽二年八月己酉天皇太帝授君以神璽玉章太微天帝賜君金虎

錦囚鍇羽華衣太上大道真君賜君以鐵鬼真符流金之鈴今聞聖君賜
君以四節飛胎流明神芝長曜靈飛夜光洞草使拜而食之五帝君衛太
帝之命授君位為太玄真人領東嶽上卿司命神君治宮赤城玉洞之府
也

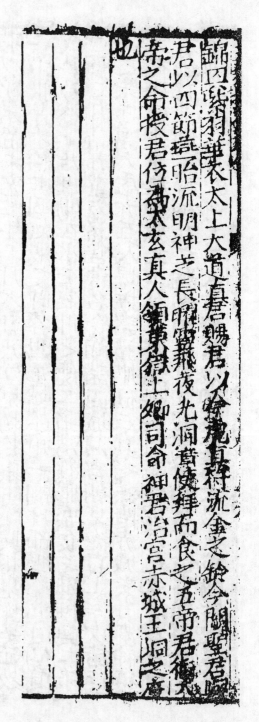

薩眞人

薩眞人名守堅蜀西河人也少有濟人利物心嘗學醫誤用藥殺人遂棄醫道聞江南三十代天師虛靜先生及林王二侍宸道法步往師之至陝行囊已盡見三道人來問堅何所往堅告以故道人曰天師羽化矣復問王侍宸曰亦化矣再問林靈素曰亦化矣薩方悵恨一道人曰今天師道法亦高吾與之有舊當為作字可往訪之吾有一法相授日間可以自給遂授以呪棗之術曰呪一棗可取七文一日但呪十棗得七十文則有一日之資矣一道人曰吾亦有一法相授乃雷法也眞人受辭用之皆驗一日凡呪百餘棗止授七十文為日用餘者復以濟貧及到信州見天師投信舉家皆哭乃虛靖天師親筆也信中言吾與王侍宸林天師遇薩君各賜一法授之矣可為參錄奏名眞人後法愈大顯嘗經潭州人聞神語曰眞人提刑來日至次日人同之果見眞人攜簽至有提點刑獄之牌人異之繼至湘陰縣浮梁見人用童男童女生祀本處廟神眞人曰此等醖

神即焚其劄言訖霹火飛空已劄已焚矣又奠餘救但聞空中有云頭請
常如今日自後潮不復興真人至龍興附江邊濯足見水有神影方更
衣金甲左手執袖右手執鞭真人曰唯何神人也答曰吾乃湘陰潮神
善神真人焚吾劄潮後今相隨一十二載只候有過則復前催今真人功行
已高職隸天樞望保奏以為部將真人曰汝兇惡之神坐吾法中必損吾
法其神即立盟不敢背盟真人激奏帝收係為將其應如響後有人至洛
州忽一日諸將現形環侍告曰天詔將臨召真人歸天樞須臾真人方起
身立而立即化後舉棺輕如常未殮冥而開視則已空棺只知真人得屍
解之道也

留遷三判官袁千里

袁千里

袁勝字千里南豊人上特長姊氏子也資軒豁雷決髮鬚勇氏端平間寓戴顗家一日謂戴顗曰吾逝矣可焚我言畢而卒戴焚之火及屍煙焰宁有旗現金字曰雷霆第三判官袁千里也

傅大士

傅大士名翕婺州義烏人也自幼聰慧通三教之書自號善慧大士梁普
通元年遇嵩三僧嵩頭陀語曰爾彌勒化身遂令自鑒於水乃見圓光寶
蓋即悟前因因問修道之地頭陀指松山下雙梼木曰此可矣大士於此
搠庵大通三年置寺雙梼間即今雙林寺有法華經梁武帝所賜鐵犁樹
鉢水晶數珠七佛銅像至今存焉大士雖出家者流而不髡或以為有先
知能究德士之冠服云又有餘虎岩在義烏城南二十五里雷番山眞猛
獸縱橫大士齊竟每持餘飯飼之自茲伏匿因是立名飯化石青白而紫
可作數珠昔有陶氏嘗資給大士大士祝之曰佗日化石青紫色可琢數
珠不意為商自茲授記唯此一家能之相傳他人效斂石即裂碎西浙有忠
獻王往婺州發大士塔取骨殖至龍山舉之不動即其地建龍華寺以骨
殖洎大士像于塔矣

福

崔府君

崔府君名珏祁州鼓城人也父諱世為邑豪純良德義鄉里推重年將知命未有繼嗣毎以爲憂議之曰我平日所爲常存濟物之心今何無嗣不若與汝具發虔誠禱於北岳妻從其言同詣北岳祠下禱祝祈嗣豈席邸中安下是夜夫妻夢一仙童手擎一合雀謙問之童曰帝賜合中之物令君夫妻吞之言訖夫妻合蓋視之見美玉二枚夫妻各吞其一忽然而覺自後有娠滕懷十月滿足於隋大業三年六月六日降生一子神彩秀美異於宮人幼而從學日誦千言不覩群子之戲因名子玉凡事過人鄉人咸爲積善之家天賜也時唐太宗貞觀七年詔舉天下賢良赴都朝廷任用府君亦在內焉各賜縣令出身惟府君除潞州長子縣令正直無私洞察秋毫郡人皆言知縣晝理陽間夜斷陰府時五月初間知縣者喻邑人此渭旹曰及望後一日無得殺生及彈射如犯者官中決斷陰府理問時有善射者樂榮哥辯二人潛出郭外射得兎一隻入城門吏接任訖於庭下問

之曰爾等故犯欲以縣庭受刑陰府受罰其人云乞於陰府受罰以為陰
理將遠言訖各放還家是夜方就枕俄有廿黃衣吏喚二人至于公庭一
所聽上却見崔知縣王者冠服檢諸人罪狀或促其壽或隋其子孫或
其食祿汝輩善惡自當畏之令還本家遂驚而覺其人乃異之忽一日門
吏報曰鵰嵒嶺有猛虎攔路傷人公遣首吏孟完賚符牒至山廟拘虎未
虎出自廟符牒隨吏而至公庭崔公責之曰汝乃異類所食者有分定輒
敢違其天意食啖人命罪當如何其虎聞之觸階而死自此邑人立生祠
而祀之時潞州太守奏聞朝廷貞觀十七年府君遷磁州滏陽縣令整大
完陰府君任之事決楊叟二子召信之究後遷衛州衛縣令與延楫人楊
叟同赴任所西南五里有河時夏月水泛漂溺民田公于河上設壇以詞
奏于上帝少頃間有一頭蛟浮于水面而至水漸散去鄉人亦立生祠祀
焉有一日公與楊叟共茶公忽起楊叟亦起公云爾見否忽有黃衣數輩
執符而言曰吾奉上帝命云云又有土佳玉帝于殿冠鐵冕衣五岳衛具
又有百餘人皆拜畢而立奏簫韶絲竹之音樂後有一神乘白馬至府君

回汝等候之遂呼二子曰吾將去世矣無得大慟取紙筆寫百字銘以
訓其子二子泣拜而授命言訖而卒在世六十四年矣後玄宗值祿山之
亂帝夜夢神人告之曰願陛下駕不可別此方賊不久而滅矣又何避之
於是帝問姓名曰臣乃磁州滏陽縣令崔子玉帝驚而覺焉後果如其言
駕歸闕下追廟封靈聖護國侯至唐武宗天下洪水漲溢禱之乃止加封
護國威應公宋真宗東封岱岳加封王號
護國西齊王至宋高宗之避伏難自鎮江渡馬爲所窘南竄行暮宿老嫗
家嫗與帝濯衣洗足進粥飲且曰白潞借一遊騎可去矣山藏以包一處
有宮焉帝請行稍前迸三歧路忒惑焉忽見白馬帝異之躡其後躍至靈祠
下有土撫之汗如雨因宿廟青衣方袍人杖擊地轉其向行驚起遲明登
眠紙亭說校題云磁州都土地崔府君俄聞珓環聲乃從數顆係如夢中
所見殿無人唯几上有合內有酒食帝食之將出焉白馬從前導至斜橋
登焉忽不見益異之而從臣耿南仲將民兵數千來迎及南渡駐蹕杭
州帝首爲立廟焉賜廟額曰顯衛

普庵禪師

普庵禪師名印肅袁州宜春縣壽化村父余慈母胡氏當宋徽宗政和五年十一月二十七日辰時生年六歲夢一僧點其心曰汝他日當自省覺以黃白母視之胸心有一點紅豈大以世之櫻珠父母因此許從壽隆院賢和尚出家年二十七歲落髮越明年受戒師容貌端奇知目巧慧師詣之師令誦經師曰嘗聞諸佛之旨必要了悟于心數墨尋行無益于事遂辭師遊湖湘謁大溈牧庵忠公因問萬法歸一一歸何處忠公豎起拂子師遂有省後歸受業院癸酉歲有隣寺慈化者請衆住持無常住師布衾於衣裳粥暮春禪定外唯閱華嚴經論一日大悟遍體汗流喜曰我今親切華嚴經遂述頌曰

捏不成團撥不開　何須南岳又天台
六根門首無人會　惹得胡僧特地來

自此之後凡無言句動悟幽顯有不期然者一日忽有僧名道存冒雪至

師曰筆硯喜曰此乃吾不請友矣遂相與寂坐交相問答或咲或謳偈曰

師嘗來入也非久當畢吾教乃指雪畫頌而行師乃掩隱岩嶺其號曰

普應禪師十世因四縣巡檢丁君驥與長老劉汝明同請出山頭助營畫

重爲慈化僧建佛殿師辭不獲竟從請至則慕道向風者衆師乃隨宜爲

說或書頌與之有疾患者折草爲藥與之即愈或有瘟毒人跡不相往來

者師與之頌咸得十全至於祈晴伐怪木毀淫祠靈應非一由是工役大

興富者施財貧者施力巧者施藝寺宇因茲鼎新殆以數千里之間闢路

建橋樑治善事皆師之化或問師修何行而得此師乃當空畫三還會麼

其人云不會師云止止不須說其真機無辯多知此而歌頌諧語遍傳人

間如證道歌判源錄已盛行於時忽一日索筆書頌於方丈西壁云

作雨作晴資衆明　東西南北乱雲浮

失珠無限人遭劫　幻應相機為汝清

枯木數度頌畢示衆曰諸佛不出世亦無有涅槃入吾室者必能無契矣

善自護持無令退失索浴更衣跏趺而寂時則乾道五年七月二十一日

也享年五十五僧臘二十八年十二月一日全身入塔是時四衆云集悲
號之聲振動山岳師之終始大槩如此
普庵寂感妙濟正覺昭貺禪師
聖朝大德四年歲次庚子秋七月加封
大德二字餘封如故

吳客三眞君

昔周厲王有三諫官唐葛周也王好畋獵失政三官諫曰先王以仁義守國以道德化民而天下咸服未聞禽荒也屢諫弗聽三官棄職南遊於吳與王大悅會楚兵侵吳吳王甚憂之三官進曰臣等敢以死事大王自有安邦之謀但大王無慮耳三官迎敵各用神策楚兵皆降吳王遷賞三官拜辭奏曰臣等客臣也不敢受賜后知厲王薨宣王立復歸周宣王錫受甚厚仍其爵位后救太子靖王降五方使者及非災橫禍宣王遷三官於東谷撫治安慰民受其賜商請其賞所至無之其國大治三官既昇封侯號

唐宏字文明號靈應侯七月二十一日生　葛雍字文度威靈侯三月一日生

周斌字文剛決勝侯十月十五日生

宋祥符元年五岳東封岱岳至天門忽見三仙自空而下帝敬問之三仙曰臣奏天命護衛王駕帝封三仙曰

上元道化眞君　中元護生葛眞君　下元定志周眞君　同列[illegible]
眞司
讚曰應變之聖道德之君辭周奇六派世牧民周而列極三封客[illegible]
遇眞宗天門顯身而親問之方得其圖厲萬劇民天地水神上奉正召
保駕聖明御製以讚勅載姓名祠封泰頂號建三靈

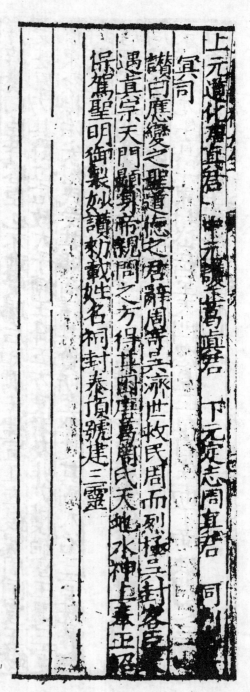

昭靈侯

昭靈侯南陽張公諱路斯隋之初家于潁上縣百社村年十六中明經第唐景龍中為宣城令以才能稱夫人石氏生九子自宣城罷歸常釣于焦氏臺之陰一日顧見釣處有宮室樓殿遂入居之自是夜出旦歸一輒[illegible]寒而濕夫人驚問之公曰我龍也蓼人鄭祥遠者亦龍也與我爭此居明日當占使九子助我頭有絳綃者我也青綃者鄭也明日九子以弓矢射青綃者中之怒而去公亦逐之所過為谿谷以達于淮而青綃者投于合淝之西山以死為龍穴山九子皆化為龍而石氏葬關洲公之兄為馬步使者子孫散居潁上其墓皆存焉事見于唐布衣趙耕之文而傳于淮潁間父老之口載于歐陽文忠公之集古録云自景龍以來潁人世祠之于焦氏臺乾寧中刺史王敬蕘始大其廟有宋乾德中蔡州大旱其刺史司超聞公之靈築祠于蒔既雨翰林学士承旨陶穀為記其事並言淮南至于陳蔡許汝皆奔走奉祠景德中諫議大夫張秉奉詔益新潁上祠宇[illegible]

熙寧中司封郎中張徽奏乞爵號詔封公昭靈侯石氏昭應夫人廟有公
龜往往見變異出雲雨或投器穴中則見于池而近歲有得蛻骨于池者
金聲玉質輕重不常今藏廟中元祐六年秋旱甚知杭州守龍圖閣學士左朝
奉郎蘇軾迎致其骨于西湖之行祠與吏民禱焉其應如響乃益治其廟
宇也

義勇武安王

義勇武安王姓關名羽字雲長蒲州解良人也當漢末與涿郡張飛佐劉
先主起義兵后於南陽則先主三詣茅廬聘諸葛孔明爭割山河三分天
下國号為蜀先主命關公為荊州牧不幸吕蒙設計公乃不屈節而亡追
贈大將軍塟于玉泉山世人感其德義歲時奉祀焉宋真宗祥符五年六
月十七日夜有神人自空而降奏曰臣乃上天在符使者玉帝有勅后今
日有圣祖軒轅降于宮闕言訖而去帝次日與群臣議之乃擇宮室設齋
禮至日圣降于延恩殿帝拜於前圣曰吾往昔人皇氏也其后為軒轅
汝趙宋之始祖也吾以汝善脩國政撫育下民而來言訖圣昇天矣帝又
畏之帝與群臣議之圣降之跡由存天香未散群臣賀曰陛下圣德所感
圣祖降于宮闕帝詔天下梵宮並建圣祖宮殿至祥符七年解州刺史表
奏云塩池自古生塩收办官課自去歲以來塩池减水有虧課程此係災
變敢不奏聞帝遣使持詔至解州城隍祠祈禱焉使復夢一神告曰吾城

陀也塩之患乃蚩尤也徃昔蚩尤與軒轅帝戰帝殺之于此地塩池之
側至今尚有近跡近鬪朝廷創立聖祖殿蚩尤不忿攻竭塩池之水鹹鹺
而竟得此報應廻奏于帝帝與群臣議之王欽若奏曰地神見報當設祭
以禱之帝遣呂夷簡持詔就塩池禱之祭畢是夜夢一神人絨服金甲持
劍怒而言曰吾乃蚩尤神也奉上帝命来此塩池於民有功以国有益今
朝廷崇以軒轅立廟于天下吾乃一世之讎也此上不平故竭塩池水朝
廷若能除毀軒轅之廟吾令塩池如故若不從絕塩池五穀不收又律
西戎為邊境之患言訖而去夷簡驚然而覺以夢中之事具奏於帝帝亦
憂之王欽若奏曰蚩尤乃邪神也陛下可遣使就信州龍虎山詔張天師
可收伏此怪帝從之乃遣使詔天師至闕下帝曰昨因蚩圣祖軒轅殿致
蚩尤竭絕塩池之水即今為患召卿斷之天師奏曰臣舉一將最英勇
者蜀関将軍也臣當召之可討蚩尤必成其功言訖師召関将軍至矣頃
形於帝前帝云蚩尤竭絕塩池之水將軍奏曰陛下圣命敢不從之臣乞
会五岳四瀆名山大川所有陰兵尽往解州討此妖鬼若臣與蚩尤対戰

必符七日方勒條守弋頃陛下先令觧州管内戶民三百里内尽閉戶不
出三百里外尽示告行人勿得往来待七日之期必成其功然后開門如
往然後祀神鬼多致死亡帝從之関將使為授命而退遂下詔觧州居民
悉知忽一日大風陰暗白晝如夜陰雲四起雷奔電走鐵騎金戈之
声聞空中叫噪如此五日方且雲收霧散天晴日朗鹽池水如故皆関將
軍力也其護国祚民如此帝加其功近王欽若賫詔往玉泉山祠下致享
以謝神功復新其廟賜廟額曰義勇追封四字王号曰武安王宋徽宗加
封尊号曰　　正氣雷行天自三国迄今歷久彌光不數孫權曹操
崇寧至道真君　【格聯】英風泉在地遁入閻尽処隨叩隨應何須蜀郡荊州

一日戰頓荊川忠義万年心尚赤　正氣不磨想去时還復天地
三分安漢鼎英雄千載胆猶寒　忠魂常在至今日猶壯山河
生前壯氣吞吳魏未許三分　兄弟情親豈忘彼一时盟誓
死後名高歷太華德重万古　君臣義重不枉了素讀春秋

片册重竹泉　丁手高趾須挑园　施鍊丹名成月清

清源妙道真君

清源妙道真君姓趙名昱從道士李珏隱青城山隋煬帝知其賢起為嘉州太守郡左有冷源二河內有犍為老蛟春夏為害其水汎漲漂淹傷民昱大怒時五月間設舟船七百艘率甲士千餘人及萬餘人夾江鼓譟声振天地昱持刃入水有頃其水赤石崖奔吼如雷昱右手持刃左手持蛟首奮波而出時有佐昱入水者七人即七聖是也公斬蛟時年二十六歲隋末天下大乱棄官隱去不知所終後因嘉州江水張溢蜀人見青霧中乘白馬引数人鷹犬彈弓獵者波面而過乃昱也民感其德立廟於灌江口奉祀焉俗曰灌口二郎太宗封為神勇大將軍明皇幸蜀加封赤城王宋真宗朝益州大乱帝遣張乖崖入蜀治之公詣祠下求助於神果克之奏請于朝追尊聖號曰

清源妙道真君

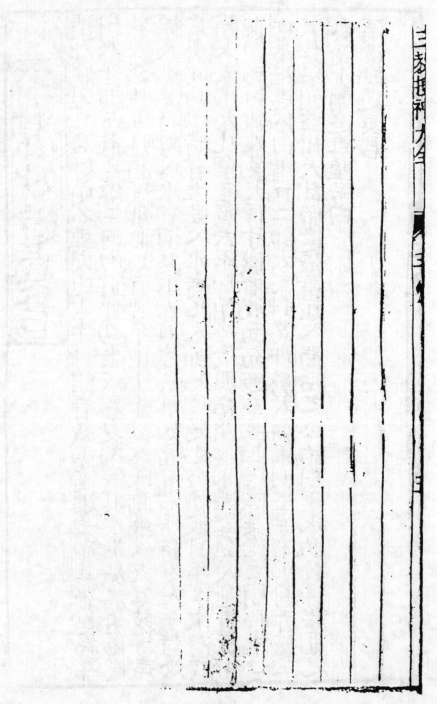

威惠顯聖王

神姓伍名員字子胥楚大夫奢之子也平王聽費無極說殺父奢兄尚子
胥奔吳言伐楚之利欲以報仇吳與楚戰吳果勝遂入郢員掘平王
塚出其尸鞭之三百乃雪父仇吳伐越越王勾踐擊傷闔閭死子夫差立
二年而報越勾踐棲于會稽使大夫種厚幣遺太宰嚭以請和求委國
為臣妾吳王許之子胥諫不聽退而告人曰吳其為沼乎十七年夫差將
為會伐齊勾踐率其衆朝吳厚獻列士皆有賂吳人皆喜子胥獨懼曰是
豢吳也不如早從事焉員屬其子於齊鮑氏太宰嚭因說之曰員恨其計
不用將為亂王使賜之利刃以死將死曰樹吾墓以檟檟可材也吳其亡
乎三年其始弱矣吳王聞之怒乃取員尸盛以鴟鴞革浮之江中吳人憐
之為立祠江上命曰胥山吳王既誅員乃伐齊大敗齊人於艾陵十四年
會諸侯于黃池越入吳二十三年而越卒滅吳唐元和間封惠廣侯宋封
忠武英烈顯聖安福王

聖朝宣賜王號

忠孝威惠顯聖王

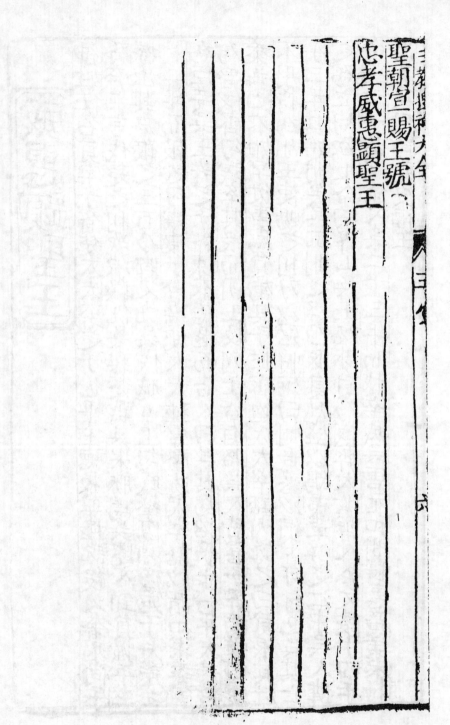

祠山張大帝

祠山聖烈眞君姓張諱渤字伯奇武陵龍陽人也父曰龍陽君母曰張媪其父龍陽君與媪遊於大湖之陂正晝無見風雨晦冥雲蓋其上五祥青雲靄靄並起忽失媪處俄頃開霽媪言見人女謂曰吾汝祖也賜以金丹已而有娠懷胎十四个月當西漢神爵三年二月十一日夜半生長而奇偉寬仁大度喜怒不形於色身長七尺隆準美髯髮垂委地深知水火之道有神告以地荒僻不足建家命行有神獸前導形如白馬其聲如牛遂與夫人李氏東遊吳会稽渡浙江至苕霅三白鶴山山有四水會流其下公止而居焉於白鶴得柳氏於烏程桑坵得趙氏爲侍人恐九弟五子一女八孫始於吳興郡長興縣順靈鄉發跡役陰兵自長興荊溪疏鑿瀆長十五里岸高七丈至十五丈總三十里志欲通津於廣德也復於後村畢宅保小山楓樹之側爲掛鼓壇先時與夫人李氏密議爲期每餉至鳴鼓三聲王即自至不令夫人至閉河之所厥後因夫人遺飱於鼓上爲烏

琢王以鳴鼓而餉至泊王詣鼓壇乃知為烏所誤及夫人至鳴其鼓王反
以烏前所誤而不至夫人遂還詣興功之所見王為大豨役陰兵濬河
王見夫人變形未及遂不與夫人相見聖瀆之功息矣遁於廣德縣西五
里橫山之頂居民思之立廟於山西南隅夫人李氏亦至縣東二里而化
時人亦立其廟聖瀆之河涸為民田即浴兵池為湖灌溉瀕湖之田僅萬
頃掛鼓之壇禽鳥不敢棲螻蟻不敢聚云唐天寶中禱雨感應初贈水部員外
郎橫山改為祠山昭宗贈司農少卿賜金紫景宗封廣德侯南唐封為司
徒封廣德公後晉封廣德王宋仁宗封靈濟王至寧宗朝累加至八字王
至理宗淳祐五年改封正佑聖烈真君至咸淳二年十二月十二日準告
如封
正佑聖烈昭德昌福真君二月十一日誕生
封正寧昭助靈惠順聖妃李氏二月初二日誕生
封協應濟惠慈昭廣懿夫人趙氏封協順承濟慈佑廣助夫人
王祖顯慶垂休昭遠靈惠侯　王祖妣顯應起家昭靈夫人

王父慈應潛光儲祉衍靈侯　王母懿慧婉徽貽善夫人

九弟

一靈睨晉濟昭助侯　靈德昭惠嘉懿夫人

一善利通睨靈助侯　善德助惠正懿夫人

一順成孚應顯助侯　順德行昭懿夫人

一康衛昭應廣助侯　康德順惠顯懿夫人

一靖鎮豊利宏助侯　靖德淑惠懿夫人

一休應豊濟孚助侯　休德靖懿夫人

一明濟福謙善助侯　濟德惠昌懿夫人

昭祐通濟信助侯　昭德靜惠明懿夫人

一嘉惠孚直順助侯　嘉德惠光懿夫人

五子

承烈顯濟啓佑王生五月十五日承　貞福元穆柔應夫人

嗣應昭佑公正月初四日誕生嗣　昭懿夫人

齊賓崇祐公三月十五日誕生淑順保福莊穆夫人

紹休廣祐公十二月十二日誕紹姒崇福慎穆夫人

善繼孚祐公正月十一日誕生善行數福瑞穆夫人

二玉女

淑顯莊嚴令儀夫人王婿李夫人本廣南縣位雕蓮及尉祭呼云

八王孫、

第一位求福侯　第二位衍桂侯

第三位衍祐侯　第四位衍澤侯

第五位衍瑞侯　第六位衍[illegible]侯

第七位衍慶侯　第八位衍[illegible]

佐神丁王二聖者

打拱方使者封協靈侯

掠剩使

據逸史錄云杜陵韋元方外兄裴璞任邠州新平縣尉元和五年卒于官長慶初元方下第將客于隴右出開遠門數十里抵偏店將憩逢武吏躍馬而來騎從數十而貌似璞見元方若識而急下馬避之入茶坊垂簾于小室中其從御散坐簾外元方疑之亦造其室褰簾而入則真璞也元方驚喜拜之曰兄去人間復效武職何也璞曰吾為陰官職受武士故武飾耳元方曰何官曰隴右三川掠剩使耳問何所司耶曰吾職司人剩財而掠之元方問何謂剩財璞曰人之轉貨求丐也命當即叶忽遇物之稍稀或主人深顧所得乃踰數外之財即謂之剩故掠之焉元方曰安知其剩而掠之璞曰生人一飲一啄無非前定況財寶乎陰司所籍其獲有限獲而踰籍陰吏乃刷而掠之也元方曰所謂掠者奪之於冥耶竊之於懷耶璞曰非也當數而得一一有成數外之財為吾所運或令虛耗或盜橫事或買賣不及常價殊不關身亦不始吾之生也常謂

商勤得財農勤得穀士勤得祿只歎其不勤而不得也夫覆舟之商旱歲之農落第之士豈不勤乎而今乃知勤者德之基學者善之本德之與善乃立身之道耳亦未足以邀財而求祿也子之途窮亦是前定合得白金二斤過此猶貴子又當復掠故不厚矣子之足行也故甚厚而分甚薄於涇殊先所得諸館平平爾人生有命時不參差以前靜觀无復躁撓勉之哉睽以公事須入城中陰騭限數不可違矣遂以白金二斤授之揖而上馬元方固請問問別多年忽此集會欲言未發又嗤嗤明何遽如此睽曰本司解暑在涇隴間吐蕃將來寇其倏軟當此際陰道京尹共議會盟雖非遠圖聊亦紓患亦且安邊之計也戎馬已集剋期不遙事非早謀不可為備月去且去上馬數步遂不復見顧其所遺乃白金也悵然而西所歷之援兄屢其說彼渠天知命者蓋知事皆前定矣俄而蕃軍騷動朝廷知之又虞其叛思援臣以爲謀臣相蓋盟相國崔公不欲臨境遂爲城下之盟卒如其說也

沿江遊奕神

翰苑名談云陳堯咨泊舟三山磯有老叟曰來日午有大風舟行必覆宜避之來日天晴萬里無片雲舟人請解纜公曰更待之同行舟一時離岸公托以事曰午天色恬然俄而黑雲四起於天降大風暴至折木飛沙怒濤若山同行舟多沉溺公驚嘆又見前叟曰某實非人乃江之遊奕將也以公他日當位宰相固當畢來告公曰何以報德叟曰吾不求報貴人所至龍神禮當衛護願得金光明經一部某乘其力薄有遷職公許之至京以金光明經三部遣人詣三山磯投之夢前叟曰本祇祈一公賜以三今遂陞秩再拜而去矣

常州武烈帝

忠佑武烈大帝姓陳諱杲仕字世威常州晉陵人也聖祖高字元舷仕陳為羽林郎洪州建昌縣令父季明字玄漁仕陳為江州司馬領南道採訪使尋拜給事中帝於梁太清三年己巳三月望日午時誕英姿照人有鼎角歷犀之異衆皆奇之八歲能屬文十三徧讀諸史人皆咸為再生東家兵陳太帝天康元年舉進士第對策王階年甫十有八上曰朕與卿太保之後家世自茲不墜特授監察御史遷江西道巡察大使帝智勇絶人精深韜畧各有經濟天下之志仕陳二十有五載事親以孝事君以忠德惠萬民威名滿天下後主失政遜于隋遂取上印綬歸隱不仕以田園為終老計隋高祖累詔不起煬帝南遊江都群盜並起帝聞其名詔令討盜俾除民害義不可辭奉命而起大業五年授東義尉平長白以叛冦竊其貲為各得其情衆悦服仕至朝請大夫九年正月奉詔平江甯樂伯通叛徒十萬授銀青光祿大夫十三年改號義寧恭帝全號奉詔平東陽婁世論城

衆二千餘人討平之召入拜大司徒大業末沈法興起兵與俱乃率衆之
父憂欲倚帝爲重帝諭忠貞自抗節凌秋確乎不移法興謀據帝郡包藏
禍心陽爲依附實欲加害時賊帥李子通擁衆數萬屯江北與法興爲
寇擾帝威勇不敢渡江唐高祖武德二年庚辰五月十八日法興詐稱
疾呼人告于帝不得已往問疾飲酒中毒馳歸時有高僧寶禪師以醫名
世亟召之治療其法當於闇寂無人處水滌腸去毒帝室沈氏宗亢僭之
義深切痛心至池上潛窺而觸之帝曰知不可爲遂遁屬化泗禪師及軫張
二妃押施所居第捨爲精舍東弟爲崇仵又殂言訖而薨享年七十有
二法興聞之意欲陰謀得志豈知帝英爽如在忠節愈勵一日黑雲蔽空
風雨驟宜總見形威發神矢射斃法興寇衆四潰其護國威靈有如此
者唐天子欲旌其功爲下詔詢訪求鄉耆老故陳司徒身備八絕何謂耆
老舉條奏曰忠心孝友武信義謀辯是謂八絕唐帝封忠烈公紐封福順武
烈王後周加以帝號宋宣和四年賜廟額曰福順一武烈顯靈昭德大帝
武烈沈后　軫后　妃積惠張夫人　神眷

神父啓靈侯

神母懿德段夫人　神繼母嘉德伊夫人

神長子贊惠濟美侯

次子協應濟順侯　神孫處士

佐神柴大尉名克宏封湖靈將軍

楊州五司徒

楊州英顯司徒茅許祝蔣吳五姓是邦血食久矣載在外上史梁書景侯列世云王体會稽山陰人也本兵家破景有功能輕身而下所得賞物不以入家其麾下萬人多江淮人也累立大功仕至特進傳申會陳將吳明徹来寇境帝遣領軍將擊破胡等出牧秦州令休其為經畧体謂破胡曰軍士嚴整切勿須戰破胡不從遂戰軍大敗休乖許而付兇還至右城當令吏赴壽陽進卦才巴陵王陳將吳明告進兵圍之叱把水一城書夜攻擊城内水氣浸人皆患腫死者甚衆城陷体破執百姓立而從之吳明徹恐其為変殺之哭者數如雷擊首還康縣之於市体破將吏來瑒皆致壽求以首吳明致亦要体求首並為啓陳主而許之朱正與隋府儀同于薄劉韶慧并侍其首還于様祭權瘞入公山側義故會葬者數千人瑒等乃開道此歸別議迎接尋有揚州人茅知勝等五人家送葬至于葉即五神也五神居揚州日結為兄弟好敢獨其地舊多狼虎人罹其害山谿畔遇

一老婦至祠詢問竭然無親戚皆溪泉五神請于所居之處拜呼為毋侍養未久或出獵而歸不見其母五神曰多被虎啣俱奮身逐捕山間有虎迎前伏地就降由此虎患始息後人思其德義立廟祀之凡所祈禱隨求隨應廟今在江都縣東興御倉巷山之東至隋煬帝時曾護駕有功封號司徒唐加侯號宋至紹定辛卯逆賊李全數來寇境禱于神不吉以神像割破之不三日全被戮于新塘肢体散落猶全之施于神者識下帥守趙公范親率僚屬致享祠下以答神貺撤其廟而增廣之録其陰助之功奏請于朝賜廟額曰英顯加封至八字侯後平章賈公似道求子是獲禱于神若遇旱暵則飛雨憂淋潦則返照救焚則熖滅歆雪則瑞應其[illegible]國佑民無時不顯復為奏請加封王號

第一位靈威忠惠翊順王　第二位靈應忠利輔順王

第三位靈助忠衛佐順王　第四位靈佑忠濟助順王

第五位靈勇忠烈孚順王

蔣莊武帝

建康府蔣莊武帝諱子文揚州人也漢末為秣陵尉逐賊至鍾山下擊傷額而死焉及吳先主之初其故吏見子文於道乘白馬執白羽扇侍從如平生故吏見而驚走子文追謂之曰我當為土地神以福爾下民為吾立廟不尔使虫入人耳為災吳王以為妖是後果有虫入人耳死者甚衆醫巫不能治云尔不祀我當有大火是歲數有火災又云不祀我當有大疫吳主患之封中都侯加印綬立廟于鍾山更名曰蔣山以表其靈異晉蘇峻之難帝夢蔣侯曰蘇峻為逆當助誅之後果斬峻加封相國以[illegible][illegible]堅入寇望見王師部陣齊整又見八公山上草木皆類人形憮然有懼色初會稽王道子聞堅入寇以威儀鼓吹求助於蔣山神及堅望之若有助焉杜祐通典云宋高帝永初二年普禁淫祠自蔣子文以下皆絕之孝[illegible]相國大都督中外諸軍事封蔣王齊永明中崔慧景之難迎神還臺以求福助事平乃進帝號復新廟宇於[illegible]有閣為[illegible]光閣中門為興善門外[illegible][illegible][illegible]

出內殿曰神居梁武衛尚何而不應遣使焚其廟未及半途忽風雨大振動宮殿帝懼祠之乃上廟曆謚曰莊武帝更修廟宇徐鉉奉勅撰碑備載其事因宋朝會要曰開寶八年廟火雍熙四年重建景祐二年陳公執中請于朝賜廟額曰惠烈

蠶女

高辛時蜀有蠶女不知姓氏父為人所掠惟所乘馬在女思父不食謂母因誓于衆曰有得父還者以此身嫁之馬聞其言驚躍振迅竟至其營不數日父乃乘馬而歸自此馬嘶鳴不肯斷肰以女誓衆之言告父父曰誓於人不誓於馬安有人而偶非類乎能脫我之難功亦大矣所誓之言不可行也馬跑父怒欲殺之馬愈跑父射殺之曝其皮於庭皮蹶然而起捲女飛去旬日皮復棲於桑上女化為蠶食桑葉吐絲成繭以衣被於人服一日蠶女乘雲駕此馬謂父母曰上帝以我心不忘義授以九天仙嬪之

威濟李侯

侯姓李諱祿安吉州長興縣荲莊人也於宋徽宗崇寧三年正月十八日甲申生長而異稟性質顓語不妄發鄉社之人遇有休咎禍福之將至輒能前知而告戒之年十八當宣和三年二月忽預告鄰里鄉社云吾將往山東膠西為國家幹事恐須數年方歸遂端坐而逝遠近相傳莫不異之其後數有靈跡見于本鄉如年歲之豐凶蠶麥之得失皆以傳之巫覡凡禱若印劵契鑰不差毫釐於是父老相率為立香火之地而祠祭之至寧宗開禧三年十一月二日通直郎知長興縣尚推大中濟忠顯應賞助所陳中州備申朝廷賜廟曰顯應至理宗寶慶元年本縣守臣朝散郎賜緋魚袋陳昂等列狀云諸路州縣境內有因雨暘水旱祈禱感應實有利惠及民列須保明聞奏更乞特賜封爵以彰神之功烈以慰一方士民之望上欣封威濟侯

趙元帥

姓趙諱公明鍾南山人也自秦時避世山中精修至道功成欽奉玉帝旨召為神霄副帥按元帥乃皓庭霄度天慧覺昏梵炁化生其位在乾金水合炁之象也其服色頭戴鐵冠手執鐵鞭者金遇水炁也面色黑而鬍鬚者北炁也跨虎者金象也故此水中金之義蘊則為道用則為法上則兆雷霆下以彰其威奉華西臺其府乃元帥之主掌而帥以金輪稱亦西方金象也元帥上奉天門之令策役三界巡察五方提點九州為直殿大將軍為北極侍御史昔漢祖天師修煉仙丹龍神奏帝請威猛神吏為之守護由是元帥上奉玉旨授正一玄壇元帥正則萬邪不干一則純一不二之職至重天師飛昇之後永鎮龍虎名山厥今三元開壇傳度宜趙善建功謝過之人及頑冥不化者皆元帥掌之故有龍虎玄壇靁噐之一司部下有八王猛將者以應八卦也有六毒大神者以應天煞地煞年煞月煞日煞時煞也五方雷神五方雷神五方猖兵以應五行二十八將

以臣三十八宿天和地合二將所以象天門地戶之闔闢六火二營將所以表五行生殺熱之化兼驅雷役電喚雨呼風除瘟剪瘧保病禳災元帥之功莫大焉至如公訟寃抑得伸使之解釋公平買賣求財公能使之宜利和合但有公平之事可以對神禱無不如意故上天聖號爲高上神霄玉府大都督五方之巡察使九州社令都大提點直殿大將軍主領雷霆[illegible]元帥北極侍御史三界大都督應元昭烈侯掌士定命設帳使二十八[illegible]都總管上清正一玄壇飛虎金輪執法趙元帥

格聯

火化出神凛凛威光耀月

駕風鞭雷英英殺氣凌霄

杭州蔣相公

神姓蔣世爲杭州人生宋建炎間樂賑施每秋成糴穀預儲貴則賤糶如無償歲歉或損以予餓者死者自祝其二弟曰須存仁心力行好事里人相與塑其像以報仁心所禱靈應如響祈卜若有相歷咸淳初賜廟額曰廣福六年安撫潛說友請于朝封神及二弟皆列侯曰孚順孚應孚祐侯

增福相公

李相公諱詭祖任魏文帝朝治相府事白日掌陽間決斷刑獄冤滯不平之事夜判陰府是非枉錯文案與嘗隋朝三品以上官人衣飲祿料及在世居民每歲分定合有衣食之祿至後唐明宗朝天成元年贈爲神君增福相公

唐黃相公

黃道相公者乃長安鳥里村人也世業農桑耕鋤為業公習科舉登第為人鯁直疏秘累陳諫事不聽公乃觸階而死郡人立其祠今在長安西三十里有墳亦在至唐睿宗延和年封公為直烈侯俗呼為相公也

靈泒侯

神據本衢州三用人也周世宗朝為將善騎射於国有功後因疾病至重有間疾者甚衆公無别語告衆曰我授山東添河將軍也言訖公卒是後人立祠于此至唐玄宗開元年封為靈泒將軍至宋真宗大中祥符八年封為靈泒侯

鍾馗

明皇開元講武驪山翠華還宮上不悅因痁疾作晝夢一小鬼衣絳犢鼻跣一足屨一足懸一屨搢一筠扇盜太真繡香囊及上玉笛繞殿奔戲上前叱問之小鬼奏曰虛者望空虛中盜人物如戲耗即耗人家喜事成憂上怒欲呼武士俄見一大鬼頂破帽衣藍袍繫角帶靸朝靴徑捉小鬼先刳其目然後擘而啖之上問大者爾何人也奏云臣鍾南山進士鍾馗也因武德中應舉不捷羞歸故里觸殿階而死是時奉旨賜綠袍以葬之感恩祭祀與我主除天下虛耗妖孽之事言訖夢覺痁疾頓瘳乃詔畫工吳道子曰試與朕如夢圖之子奉旨恍若有覩立筆成圖

神荼鬱壘

東海度朔山有大桃樹蟠屈三千里其卑枝向東北曰鬼門萬鬼出入也有二神一曰神荼一曰鬱壘主閱領衆鬼之出入者執以飼虎於是黃帝法而象之因立桃板於門戶上畫神荼鬱壘以御凶鬼此門桃板之制也蓋其起自黃帝故今世畫神像於板上猶於其下書左神荼右鬱壘以除日置之門戶也

五瘟使者

昔隋文帝開皇十一年六月內有五力士現於凌空三五丈於身披五色袍各執一物一人執杓子并罐子一人執皮袋并劍一人執扇一人執鎚一人執火壺帝問太史居仁曰此何神主何災福也張居仁奏曰此是五方力士乃天上為五鬼在地為五瘟名曰五瘟春瘟張元伯夏瘟劉元達秋瘟趙公明冬瘟鍾仕貴總管中瘟史文業如現之者主國民有瘟疫之疾此為天行時病也帝曰何以治之而得免矣張居仁曰此行病者乃天之降疾無法而治之於是其年國人病死者甚衆是時帝乃立祠於六月二十七日詔封五方力士為將軍青袍力士封為顯聖將軍紅袍力士封為顯應將軍白袍力士封為感應將軍黑袍力士封為感成將軍黃袍力士封為感威將軍隋唐皆用五月五日祭之后匡阜真人遊至此祠即收伏五瘟神為部將也

司命竈神

按酉陽雜俎云竈神姓張名单字子郭一云如是美女夫人字卿忌有六女皆名察即六癸女也白人罪狀大者奪紀紀三百日小者奪算算一百日故為天地督使下為地精己丑日日出卯時上天禺中下行此日祭得福其屬神有天地嬌孫天地大夫天地都尉天地長兄硎上童子突上紫官君太和君王池夫人凡治竈於屋中央口向西竈四邊令去釜九寸以塗及細土構之亦勿令穿析神竈之法也竈神以壬子日死不可用此日治竈當以五月辰日豬頭祭竈令人治生萬倍用人祭竈凶敗雞毛入竈中主非禍犬骨入灶出狂子正月己巳日白雞祭竈宜蠶五月己丑日祭竈吉四月丁巳日祭竈主百事大吉之兆

福神

福神

福神者本道州刺史楊公諱成昔漢武帝愛道州矮民以為宮奴玩戲其道州民生男選揀侏儒好者每歲不下貢數百人使公孫父母與子生別有刺史楊公守郡以表奏聞天子云臣按五典本土只有矮民無矮奴也武帝感悟省之自後更不復取其郡人立祠繪像供養以為本州福神也後天下士庶黎民皆繪像敬之以為福祿神也

五盜將軍

世略曰五盜將軍者即宋徽帝永光年間五盜寇也於一方之地作亂執盜民於景和年帝遣大將張洪破而殺之于新封縣之北其五人又作怪盜于世祭之者皆呼為五盜將軍也　杜平　李思　任安　孫立　耿彥正

紫姑神

紫姑神者乃萊陽縣人也姓何名媚字麗卿自幼讀書辨利于唐垂拱壽陽刺史李景納為妾其妻妒之遂陰殺之於廁自此始也紫姑神死於正月十五日故顯靈於正月也

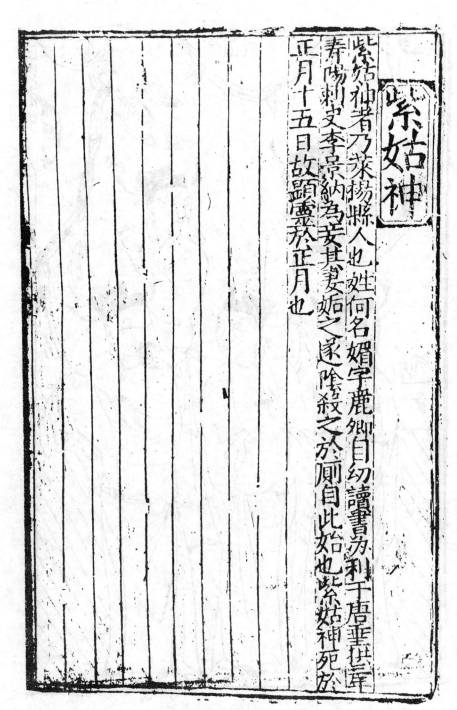

五方之神

武王伐紂都洛邑天大雨雪甲子朔五神車騎止王門之外欲謁武王問諸神各有名乎軍師姜尚稱之尚父答曰南海之神名祝融北海之神名玄冥東海之神名勾芒西海之神名蓐收河伯名馮修使謁者以名召之神皆驚而見武王王曰何以教之神曰天伐殷立周謹來受命各奉其使武王曰予歲將无廢礼焉救讎共工氏子曰太土社為后土神少昊子曰重主木為勾芒神顓頊子黎主火為祝融神小昊第二子該主金為蓐收神少昊第三子脩主水為玄冥之神也

南華莊生

莊子本姬姓名周又字子休世宗父名暢楚莊王第三子也封睢州蒙縣爲下楚父暢恬退養高絕貴居而未有也夫人若敖氏生子志年弱冠力于儒林無冠冕志漫閭氏續因平王伍子胥少難更姓以楚莊之莊爲莊姓原于孫願忘乃初意也乃隱姓名雖處于蒙縣之陽隨父母遷于居喪以禮昭王聞其賢而聘之辞乃身負耜妻持筐又遷于蒙成之東生莊周七與竇氏躬耕織妻紡績日以魚餉矣爲樂夜討黃廷經卷及南華經卷遺世周以放達爲宏規以全真爲內事捌盜跖闢之不化其門胡孫武之金而不受逃楚王之聘而不悔別妻野死哭而不哀以妻宴死歌而不哭遊秦關而師老聃受仙册而點骨骼南遊汨羅而會閭大夫于龍王之殿東遊瀛海而覓周太史于崙山之陽奉騫叔漢令尹而相從于羽化長士叩秦關而覓父于仙學廣成子之爲執丹寄生之爲遊萬化合中樂不經岩上冤册指點三男于仕籍點化妻微以遂隱逢鶴君而感湖楚之

嗟息人生如夢既虎豹而嗜青觀魚之樂舊葉如新既而臨雲海以思故鄉之遊子由仔甫基鼇分襟水決反故土而聚骨肉之欣難逢列莊之蜂

携手歸仙

瀟門雲水為家瀛州上明月為朋老君以其徒之與有道也述其脩來以

聞于

天帝封為協天翊運全真保氣護國庇民慈惠無量大德玄師

觀音菩薩

觀音乃鷲嶺孤竹國祇樹園施勤長者第三子施善化身來生於北闕國屯父妙莊王姓婆名伽毋伯牙氏某者見父母以無嗣故祝于西岳華山天帝以其父好殺故奪其嗣而與之女長曰妙清次曰妙音三曰妙善雖妙善生時異香滿座霞光遍室幼而聰達便欲了人間事至九歲力阻父命誓不成姻後因長次二女招及二郎俱不當胥父乃強妙善畢偶[illegible]善苛始貶于後園中善守淨彌篤月捨入汝州龍樹縣白雀寺為妮僧命僧頭陀傷害化喻弗從乃陀以苦行妙善朝吸水暮聽釋晨梵掃畫炊毫無難色誠感天使三十八部天龍擁護伽藍掃地東海天王掃廚六丁上香遊奕獸燭伽雀進茶飛猿進菓白虎衛柴飛瓔毛壇幾花八洞神仙獻菓欣々中風嘈嘈嚇兇神走動衆佗惧而復命于父々遣五城兵馬怒必力驅兵圍寺焚之而妙善曰可齧山世尊曹咂玉指噴血成紅雨滅火教奇五百僧咸無悲焉必力耳火一丹息三次三息無恭奏聞父怒命勞

網押妙善入法場除以毋首救之蓋深愛三女之慈順欲興宗嗣成婚以
攝國政也殊意妙善色不變而志愈堅乃囚以於宮日夜宮娥父母苦勸
妙善不聽反失語激父父大怒立賜必力斬訖土神忙奏玉帝賜以紅光
罩體刀砍刀斷鎗刺鎗截乃賜紅羅絞死彼時一虎跳入負屍而去父曰
不孝兒當得惡報蓋不知天使猛虎負善入於果然林中正所以昭善有
果念也第善一時昏瞶靈魂杳杳不知去處忽一童子手執幢旛請曰聞
君有命迓公主耳善曰何國閻公主大慈惠十王躬候于次天橋善命
只見兇閃閃上牛首號門夜叉柬燭鉄頭掃途入見一所宮獄刑閣之固
以罰不忠不孝者流見一碓磨刑曰以罰賊盜殺害生物者流鬼十獄
銅鍋刑曰以此待豪強也善曰汝總何容自發當於是自全獄有刀林燬
報過以舉者冰床以報怒耳目者有抉目拔舌刑以報饒舌者又有錫陽
刑以報慢劍樹劍者以至淫奔於寐者以湯河報以盤瓷者以覽爐報
以天壓不諸以石壓箱纘斂者以虎蛇報以生前過害者以餓鬼報
以龍終人者以鎗林報諸獄果報不可勝數殊謂天眼恢恢昭昭而靈也

有彌縫耶已而諸地王闔晨指于金橋之上錦蓋繽紛紫霞飾地王皆相
迎歌女侍側善謝之曰淚否德取得儼招諸王曰聞大慈悲願待從從之
啟萬一善曰阿彌陀佛々々殊慈合手一誦而天花亂墜地獄金蓮鐵樹
銅枷盡為脂粉而八千餘部之地獄悉空矣凡諸造業者既脫離地獄皆
天堂焉時諸判官奏曰有陽即有陰有善即有惡地獄也何以待見人則
陽間造惡者將何以警耶此補陽化之所不及未可少也爾來大慈悲設
法而地獄類矣似此久留則鐵無醫獄天帝聞之有責登矣急請邀返陽
也諸閻軍送于孟婆亭而別命獄卒引至黑松林還魂善醒曰吾已昇天
界矣奈何復至此乎況吟著章不知去何已而釋伽如來駕雲和南而揖
因戲之曰草廬中堪容並你吾與耶生也善曰奈何以彼毛之詭讚我耶
釋曰戲女以且慈大慈悲否山以子善不答曰非汝吾釋迦是也特示
女去處善先自有禱謝曰何處曰越國南海中間普陀岩是女去處吾代將
地龍化一瓶淨瓶流而出于是白虎為之吸木加藍推開福地八部龍
王日夜護衛四部天王為之擁石吾出坐普陀岩九載功成割手目以救父

病持壺甘露以生萬民左善才為之普照右龍女為之廣德感一家骨肉
而為之修行晉升天界
玉帝見其福力遍大千神應通三界遂從老君妙樂之奏封為
大慈大悲救苦救難南無靈感觀世音菩薩賜寶蓮花座為
南海普陀岩之主賜
父妙莊王為善勝仙官
母伯牙氏為勸善菩薩
大姐妙清為大善文殊菩薩青獅騎座
次姐妙音為大善普賢菩薩白象騎座

王元帥

襄陽洛里姓王名惡字東誠父諱臣早逝母邵氏遺胎而生帥于貞觀時丙申年七月庚申日申時帥幼孤不讀有膂力性剛暴市中有不平者直與分憂鋤硬撻橫國人服其公且憚其武然多執性不容人分曲直故含忌者衆而仇之不盡泯焉時扶風內名黑虎者與帥同姓遂借其威名強淫人之室女凡殊姿者先摟而後嫁謂之試先紅莫敢誰何後帥聞此曰余醜也怒殺之鄉儒與質於廷帥不跪官枉之而杆焉帥髪倒豎曰汚塗留他則甚余一一殲之以除民害闊步掘衣而上官惧唯唯曰衆肆賢等逢我力救而釋之得無恙遂至荊襄間有占厝為江州所占頭靈本方里逝年六月六日會主備牛羊豬各一牢酒十醰先瘟否則人物流血而瘦逝會貧苦者幾至鬻男女以徇之悲声盈耳帥悪而燒之廟像雨盡惟風大作適值薩真人托藥救瘟以來遂作法反風而滅妖境籍以救諸土生民事以奏

玉帝敕封豁落王元帥錫金印知十例篆赤心忠良四字管天下都仕令凡有方上奏入省雷霆風行發有大过者立追之官民不敢少干以私篩帥多在天門用事不諳人民隱伏無以性烈一承天命則剖其宽合人驚悚世人勿犯之可也

趙天君

謝天君

天君姓謝諱仕榮字雷行於貞觀初一輪火光如斗直射入山東火焰山界謝恩光父諱其母姓邵師性刁惡不信於豪亦不敢于法爲山陰令時察東役督司以催科故嚇師以千金師豁拾且賍報督怒之無從也因責以苦辯諸君水銀盜印師以錫飾者應勦以鼓革牛膠師以敗蔽敗甲爲膠而皮者爲甲鼓奏進督害之不足又申以將才陰陷以把隘師即夜率數兵以襲砍而寨覆忠賊又乘敗以襲我虛師又先搖塞以伏要待之竟保無虞是役愈苦而不與辯事愈險而功愈奇赤心烈節炳于天日識不虛

玉帝之寵於耳目臣也宜受職于火德天君執金鞭架火輪頭頂道冠以司九陽之令

大奶夫人

昔陳四夫人祖居福州府羅源縣下渡人也父諫議拜戶部郎中母葛氏兄陳二相義兄陳海清嘉興元年蛇母興災吃人占古田縣之靈氣穴洞於臨水村中鄉人已立廟祀以安其靈遞年重陽買童男童女二人以祭其私願叱蹤不為害時觀音菩薩赴会歸南海忽見福州惡気冲天乃剪一指甲化作金光一道直透陳長者葛氏投胎時生於大曆元年甲寅歲正月十五日寅時誕聖瑞氣祥光罩躰異香繞閣金鼓声若有群仙護送而催者因謀進姑兄二相曾授異人口術瑜珈大教正法神通三界上動天將下驅陰兵威力無邊遍敕良民行至古田臨水村正值輪祭会首黃三居士供享心惡其妖思靖其害不忍以無辜之稚啖命于蛇舞劍一口破請二相行法破之奈為海清酒醉填差文奏時刻以致天兵陰兵未應慘遭二相為毒気所吸適得瑜仙顯靈遶空擲下金鐘罩覆仙風所照邪不能近兄不得脫耳進姑年方十七哭念同気一系匍往閭山学法洞王九

閭法師傳度驅雷破廟豈法打破蛇洞取兕軒妖為三殊料蛇栗天宿赤黃之精金鍾生氣之靈與天俱盡豈能殺得鎮殺其毒不敢肆耳至今八月十三起乃蛇宿管度多興風雨雞雹暴至傷民稼穡蛟妖出沒此其証也後唐王皇后分娩艱難幾至危殆妳乃法到宮以法催下太子宮娥奏知唐王大悅勅封都天鎮國顯應崇福順意大奶夫人建廟于古田以鎮蛇母不得為害也聖母大造于民如此法大行于世專佑童男童女催生護幼妖不為災良以蛇不盡殲故自誓曰女能布惡吾能行香盡勦今人遂沿其故事而崇行之法多驗焉

圣父威相公　聖母葛氏夫人

圣兄陳二相公　聖姊威靈綵九夫人 九月初九日生

圣妹海口破廟李三夫人 八月十五日生

助娘破廟張蕭劉連四大聖者　銅馬沙王

五倡大將　催生聖母　破產靈童

二帝將軍

天妃娘娘

妃林姓舊在興化路寧海鎮即莆田縣治八十里濱海湄洲地也母陳氏嘗夢南海觀音與以優缽花吞之已而孕十四月始免身得妃以唐天寶元年三月二十三日誕生之日異香聞里許經旬不散幼而穎異甫過歲在襁褓中見諸神像叉手作欲拜狀五歲能誦觀音經十一歲能婆娑按節樂神如會稽吳望子蔣子文事然以衣冠族不欲得此聲于里閈間即妃亦且韜迹用晦擲沐自嘸而已兄弟四人業商往來海島間忽一日妃手足若有所失瞑目移時父母以為暴風疾急呼之妃醒而悔曰何不使我保全兄弟无恙乎父母不解其意亦不之問暨兄弟航勝而歸哭言前三日颶風大作巨浪接天弟兄各異船其長兄船飄沒水中且各言當風作之時見一女子牽五兩（篷桅綱也）而行波濤若平地父母始知向之瞑目乃出元神救弟兄也其長兄不得救者以其呼之疾而神不及護也懊恨無已年及笄誓不適人即父母亦不敢強其醮居無何儼然而坐

而近於湄洲數里亦循迹之一日爲自是往往見神於先後人亦多見其傳
從前女與西王母亦然而言司孕嗣一也其奏之也有比鄰難十人十年
不孕乃叩禱終無有藥者卒禱於妃斯獲男子嗣是凡有不育者隨禱
隨應至宋路允迪奉當從中貴人使高麗道湄洲颶風作船幾覆溺忽明
霞散綺見有人登檣竿旋舞持柁甚力久之獲安濟中貴人詰于衆允迪
李富具列對輿面頭拜曰夫此金簡玉書所不能觀腹而然豈雨露於磔
方重譯之地保君編不容命者聖明力哉亦妃之靈呵護不淺也於是詰
之還朝具奏詔封靈惠夫人立廟於湄洲致守香火百家斷樸作材舟艤
張矣我　國初
成祖文皇帝七年中貴人鄭和通西南夷禱妃廟徵應如宋歸命遂勅封
護國庇民妙靈昭應弘仁普濟天妃賜祠京師乃祝者遍天下焉夫妃生
而靈綫靈之精儀神妙之靈而司儀則人無闕司海則水不揚波其造
福於人豈淺鮮哉余嘗蒞典化郡誌併採之書暨采碑記因畧爲之傳
若如此

龐元帥

混元龐元師

師姓龐名喬字長清漢江渡口父龐定母姚氏生於漢献初癸丑年十一月癸亥日丑時世離駕度心行若隄待凡從來者究不平等一夕客重陽日夜渡婦急頓遺百金於舡次日泣而訴其情師出其封帖如也客碩委一不受又除夕前二日幼婦孤行晚告以渡禁一白雪禁無有行者氏無處師留之而衣其衣飲其食寧敢尺寸清潔次日雪愈甚人蹤絕矣又次日師忙于應接其父披蓑戴笠而渡婦從之登舟而反江風大作舡掀而渡覆矣師見而忙跳避于波瀾逝隨浮勢若浮梗直至父處深入而負之至崖而力竭矣無如狂瀾者何則師沒而父亦與矣師失行往復俱沒負之以出如是者三蓋除夕時兒夜出沒叫究取替乃師固一六之精以坎為府沸濤不能俾之殆而回所渡之氏者非他迺自在觀音化身佛也以救父亦無恙第師已出險方鳴咽抱父以泣而數十兒泣曰余今年當取代無奈為孝子所攘予無輪廻日矣師聞而輙之不獲明日又如是以陰

陰颷々鬼哭悚人況兮以羸溺之質蹈于瀟滂之後其詭死者屢矣帥不
得已以香鑪貼于掌中以火熏其上祝于天而
玉帝聞而憐之敕為混炁元帥手執金刀推天門之出入是命以降陰曆
除陽惡秋毫不爽

海神廟

李元帥

師諱封刹荊海上飛舸致也素剛直絶旅力因鄰有不戴天之寃者師不平而殺之逃于海神廟中遇五鬼咀嚼又又曰大神到了也師曰汝何有知曰予等奉神龍命怨為除水徭焉當以金刀賠附于地管取力而化蛇曰且我亦奇遇也倏頃穎賊挈羊臨醮神師擒際之跳艘而入敵其中皆美男女珠寶等類師命盡釋之錫金玉遣歸因誓且醜曰女無胡往來商官客無胡民間女而專擊倭與殺之民害者聽衆唯唯一日採艇于洋一巨崔翻風捲浪而起師不知為江豕也曰之岂神命者耶跳浪而剄之波洋如步沙渚已而黑風倒旋驚濤騰空飛花濺天中隱逆鱗而刺鬛象嘴而牛鼻身巨如山一尾九尖有餘狀如山川之尾蓋鰸也傍竹十數尾游鱗異族交會如黑雲然師曰前而非也飛而入立其背佐刺而出並斃[illegible]子與及其餘風浪頓息若平江焉夜神謝曰女功樣客無涯矣余嘗[illegible]之王帝以酬萬一王帝乃敕為元帥李先鋒之職委二將軍為[illegible]

錦江口憤敬壬午年五月五日午時托胎於李芳之妻孫氏云

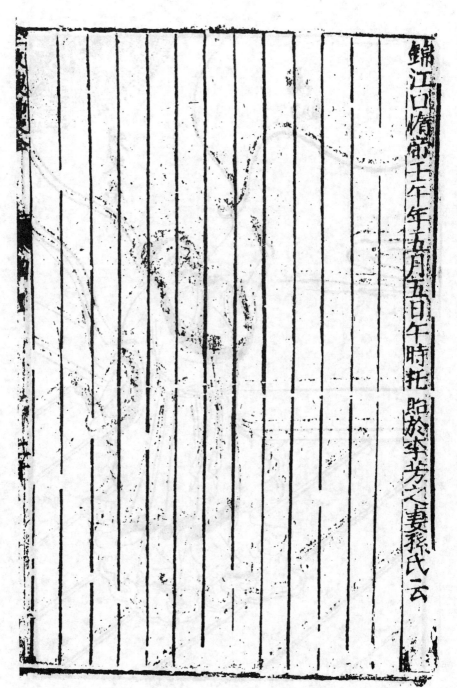

刘天君

劉天君

雜記傳曰帥諱後字昌人也生於岷江漁灘當歲次庚午八月十二日酉時母謝氏取水于江而帥俱入于波心得浮槎近岸而活其父刘福公捨而迎之曰何異也而幸不死遂負送于羅真人為侍讀因精于五雷掌訣招風捉雨隨叩響應濟民助国環堵之民謀祀之此刘是為名也而逃之民書聽因增其名而像焉祈祝于其間一如所禱應于浮梁繼而東京大旱上高目而耳之嗟咨通縕焉且曰惟禱于刘君之祠必答所視上從之果誠靈驗焉時秋大穩帝悅而敕之為

玄化慈濟真君焉

玉帝而亦以其敕者

敕之以掌王府事

王高二元帥

野史傳尚王諱鉄高諱銅王生榕城之南高產蓟雍之北二帥各遊仕于中夏而相与遇于韓洛奎握手歡焉抒其誠皆周虎將王威李冬月廿八日晡時遂盟以金蘭不同氣而親若一乳特二帥皆仕于韓王力諫而不聽也欲去之高曰女行甚吾何樂也竟棄之而偕往終不祿焉一日高出也王詢之人曰還南嶺焉王驚曰虎穴也伊何之以刃迎之人止之曰生死以之也直行而若無有狀乃問多而問王之去往人曰為女过南嶺矣王奔之人亦止之曰為予行也而敢後也乃高不遇虎而王遇之王曰小丑將吾友何之力殺之已而高返王迎之曰吾以女死于虎口高曰非也余覓女路值擲盜醜以為予受擒于彼手刀虎戰而挺之竟言未有獲女也而返二人欣然携手而歸人曰真銅鐵友也凡事多類此王常以為猛戒不能携其心也遂二帥団封為虎丘長以示訓

田華畢元帥

田華畢元帥

東廣間姓田名華者乃上東二十七神也雷藏地中寄胎於田間千年有亂鍾氣而生誕時白晝震雷霹靂火光照天風雨驟至帥膝半大蛇圍其身外群蜂唧英以喘至長遂因田為姓指華為畢脩鍊于淝泗岩下時女媧氏五色土補天石罅不成帥助水火之精霹碎玄精之石髓爐唾南之氣曙鑄之台聲吼天地乃塞天漏又鍊玉色火雹風雷陣上助軒轅擊蚩尤軒轅氏拜以龍節之職帥曰余方以外人豈以碌碌自煩拂衣而隱于華胥之境因名華胥以蔽至有唐氏十日并出赤土千里衆星官喻以代天工司者帝震怒起帥洽天地立心洪爐造命乃奏帝青鸞雷鞭電旌雲路風馳日月秉燭倡蹄龍尾臣霾翳是時雨陽時焉流及漢末妖孽縱纊奸謠百出

玉帝封以雷門畢元帥之職救掌十二雷霆輔

玄天上帝誅瘟殺鬼上雷天地滄潤十糾居魅出沒中降不仁不義望雷

田元帥

名元帥之父乃蒼龍之精帥其子也昔蒼龍為慈濟真君所逐隱入西蜀黃沙洞暗竊龐氏美艾而妻焉半載有竒真君覓至而龙化乃氏亦驚匿於田中真君飛劍猜龐氏之腹而胎落因孩身而龍首也爾時雷雨暴至夫謂見龍在田非耶真君既逼其父不忍破其胎以及其子也育撫之因田其姓雨其諱也六歲時遂徒于張真人帳下日侍不倦因表而字之曰全靈自張真人歩虛後而帳與天雷禁令等法不俱焉帥竊覸以心帥之做録于紫華山中忽然思身所出之原弗得也老道士誠之曰而翁元金之質而母則隴右老嫗而叟瞑是也帥泣負而事之服劳不倦不數載咨母所以別父之故乃母云云帥日夜思之曰此一行也雖而父不法之過而真何以遁入於何處隔母仳离于向歸足恨也自思不服非孝也有恨不洩不武也行而不斷非夫也伊何人斯挾術而刼而父而亦何不磬所挐而靈父恥耶遂突起而裂帳為旗折竿為威噴水為霧擊令為雷灑靈而

行于太歲中遍訶真君行藏正直十二小鑯路空中助怒展旗幟

已而與戰不解

玉帝親召而帥之曰真君為民除害邪可妖佞也十二六空亡不可刃也其

與帥釋其根而憑隨鞭鞸於三界行在以帥妖幔邪兀帥之戒因而以左

執雷令右執黃旄而上列於首舜之左

黨元帥

帥懷州人澄深精研第窺黑而心不畏乃不死親外不避仇任晋昭察使時留刑無定惟人所入上任見下任奸帥獨平心不貽漁以廉明有稱冤見奸是無冤獄下民無怨歸三載中而問謠之曰黨不容覓五臟案臨籍事夫日黑判官人兒泣何家牢相民考妣無黨其姓氏家貌歸措者其謠而何其冤之謠也故曰何家牢相母陳氏生帥于元佑丁未年九月丁卯日未時生時人見有二三十兒黃旗擁旌路鼓樂兒迎赶一小兒以來人問之答曰一路福星也享壽九十七

玉帝封之帥以蒸黎為黨者以秉天下惡福焉

石勳

石元帥

野錄曰帥相溪人氏諱神毓於周宣王七年三月初四日申時ㄣ風雨驟至龍掛其表鄉人號乃父文甫若毋鄧氏曰呵兒龍種也大帥性敏好長遊關中受業於關尹子結廬於首山之陽適當令赤土千里百木焦枯不得尺水以鼓其鬣氣雄嶽單視有何籌相嘯聚訴于廬曰周守黎民離有守遺帥愀然不自愧不能□□□絲若鴻若駝自以伸□揚波吐氣成雲為天下作其霖奈何今淳而已不及一焉則紅稗而牛喘是恨也抑嘗而思曰昔有桑林之禱何為也哉夫非剪爪髮髮乎惟誠動天亦惟誠耳遂沐浴更衣明禋于爐焚爇於壇再拜而祝氏從之倏爾瀉驟至彩地滿三人殊憶帥之再拜不起而不知其化矣已而行人報曰帥乘馬東行旋儀羽檄旅擁百餘謂從者曰為我謝諸而輩也余奉

玉帝敕莫能留耳幸勿予責

上帝封為五雷之長典威福攝□代□

副應元帥

帥性嚴警目不瞬而心匪石不假人顏色幼科不第而苦志厲行於山碰閒夜有九尾狐精衒幼婉行狀如雞以入賊首媚以求一戰帥讀而然燈朱啓以求一售帥讀而然以目敲憁低語帥閉户而已妖以色不迷惟可騶遂拗為魑魅眼而螺角龍唇而虎口乾紫身巨人瘦足蹈于八寸拾芊棱火焰眼貴如噴帥色不變乃坐而言曰汝非夜半之所洛門自敲者耶何嫩余耶余豈而嫩者耶遂以所點易之珠以擲之妖斂形作丫環而謝曰若天神也異日天詔為竟察魔帥幸宥婢行帥曰汝洗而行可矣嬉歎社而退已而玉帝降旨迎帥授以金鑑糾邦之戰帥蓋泰山下人氏副賀公之遺腹胄歐陽氏萃中嶽之秀而降凡于乾符九年壬寅年壬寅月壬寅日寅時帥別號泰宇

槃瓠

槃瓠狗神今長沙武陵蠻之祖廟在盧溪縣之武山按高辛氏有犬戎寇募能得犬戎吳將軍頭者妻以少女時帝有畜狗名曰槃瓠遂入山銜人首走闕下果吳將軍頭也帝大喜以槃瓠畜類不可妻欲他報之女聞以為信不可失請行帝不得已從之槃瓠得女負入南山石室中踰三年生六男六女分為六姓藍胡侯槃余竹至今廣福近海有之俗名余客槃瓠死男女自相婚配毋歸以狀白帝使迎置諸子衣裳斕斑言語侏儸其後滋蔓今武陵蠻是也至今土俗不食犬肉廟有威靈也

楊元帥

凡神也楊帥特以地祇授之何曰龍與帥何龍與曰以帥能爲后祗任耳曰也曰手執武士何故曰后祗爲方澤祇帝行天道操堅凝以尸其出迎其近以尸其入于時爲凉於數爲逆于刑爲藏于討殺握秋霜惟帥則武力執武士以殺爲威肇人之所不能制此則上帝所以敕帥之意也曰符安効勤曰下祭五方之文機幽按十二閣君之橫縱陽糾人間図圖之曲直陰鑑海嶽之魑魅魍魎爲情府碉門之長至巨任也然則帥何偷以至此曰守法耳帥時任漢廷尉長察盜七玩器者以贓究帝欲廷殺之不聽察以妄俸侮宮儀者以咎殺帝以賞赦之而不聽察三老中之贓吏者臺臣以勢請之而不顧察故友以撓法罷者所以千金而不瞬目曰汝污累欲人共分謗耶凡此其大較也夫帥勇力精進允若慈雖與其楊州事察人鬼斷凶頑校牛頭爲首之関剖石林水國之藏無不可者然帥生于湖豬喊何哧虎至者巳而楊公家婺徐氏妳帥於庚申年十月十六日以時寫

此則師諱名彪之意而人豪亦如此

高元帥

高元帥

帥受元於始元太乙之精托胎於蒼州高春公家母梅氏甲子年十一月甲子日子時生下一團火光罹曰父母以為怪投之江藥師天尊抱之為徒貌如冠玉法名員授仙劑以遊世凡猿辟腦猿遺彈醫帥破蛇破胎帥破出之鶴完須鶴頂腦帝以蛇時頭以起之虎硬喉伏遺以蟒蛇骨毒帥化之諸奇症隨手安瘥適遇一仙才孿腹而腰口血水瀝瀝不止帥怜而補之仍以變化之露及天合之皮而乳如天然不意神重死其中也乃托于人言曰信而術亦大造中之生生人也汝能去病于肘腋隨甲之下以活世耶曰可即制以豕兒之法以濟曰東南一古栢女生之乎曰可以魂育淨肅霜露滋之而萌生曰西北一腹破若女合之乎曰可即以舌竊之藥調以神水咒易以腸腸數以生飢之散而瘥曰今士大夫之家妾姬女胎之乎曰可即以紫英陽起等石繼以寄生神散蚤推化生神符神恩無以窮其根者蚤以金蚕殺氏謂帥曰今如何夫醫一生即殺數萬是活而一枯百也況胎孕尸權于天敬歟

以人命扎是未必生而傷一死也汝何能全許託命于抱㯽之中彼非有死
機也亦何賴于女而殘賊其之體乎以死彼未德而示之何况女亦將以曾
濟之仁而無偏耶帥語塞而嘆曰信不能兼也女與嫗何以醫死諸在七
感德枯謝之遂和以回生之術而更之遍遊于方內外生之甚衆
玉帝憫其為仁亦苦矣以為足為帝之心為物造命者遂封以
九天降生高元帥之職

靈官馬元帥

詳老帥之始終凡三顯聖焉原是至妙吉祥化身如來以其滅焦火鬼有傷於慈也而降之凡遂以五團火光投胎于馬氏金母而靈耀三眼因諱三眼靈光生下三日能戰斬東海龍王以除水孽繼以盜紫微大帝金鎗而寄靈于火魔王公主為兒手書左靈右耀復名靈耀受業於太惠盡慈妙樂天尊訓以天書凡風雷龍蛇驅鬼安民之術靡所不精乃授以金磚三角變化無邊遂奉玉帝勅以服風火之神而風輪火輪之使收百加聖母而五百火鴉為之用降烏龍大王而羽之翼斬楊子江龍而福于民屢歷艱險至忠也帝授以左印右劍掌南天事至靈也錫以瓊花之宴金龍太子爲之行酒至寵也殊懷太子傲慢慈師大燒南天關遂敗天將下走龍宮中戰離婁師曠借以和合二神仍啚金龍以洩其憤至不得已又化為一包胎而五昆玉二妣顱氏產於鬼子母之遺體又以用故而入地獄走海藏步靈臺過酆都入鬼洞戰哪吒竊仙桃敵齊天大聖釋佛為之

謂和至孝也後復入于菩薩座左智慧也玉帝以其功德濟天地而救元
帥于玄帝部下寵以西方鎖以答下民妻財孝祿之祝百叩百應雖至巫
家冤枉祈禱之宗悉入其部在奏天門雷勵風行焉

孚佑温元帥

帥姓温名瓊字子玉後漢東歐郡人今浙東温州是也世居白石橋祖宗世隱顯父諱望業儒登明經中科第逕歎於嗣以為非孝也同妻張氏禱條字道輝禱於后土時夜夢金甲神持巨斧手託一顆明珠以惠張氏云我乃六甲之神玉帝之將欲寄母胎托質為人母還肯麽張氏諾曰女流無識聖賢顯降何敢方命其神姿珠于懷而覺張氏因而有孕盈十二月祥雲繞室異香馥座已而誕生於後漢順帝漢安元年壬巳五月五日午時時沐如姝曰此兒左脇有符文二十四篆右脇有文符十六篆人莫能識已而隱其朱書乃以其所夢神惠玉環名之曰瓊字子玉幼而神明七歲李步天星十歲通儒經傳子史天文等書靡所不通十九歲科第不中二十六歲明經射策亦不中忽然嘆曰男子漢生不致君澤民死當助帝除妖滅邪以禱吾志遂留偈云孝弟為本忠象為先寬仁容恕立身無偏便脩清淨契合真玄若奉吾道何處不仙吾隨左右呼召立前斯須間忽

見蒼龍啣珠于前卧拾而含之流于腹其蒼龍宛舞降日騰金帥扭為環繳尾于手突然幻变面青髮赤藍身綠猛擾簡遊衍坐立英毅勇猛因顯金盟玉字曰有能行吾法誦吾偈者慈惠民物以伐妖精治病驅邪吾當顯應斯言不怠泰山府君聞其威猛召為佐嶽之神積力陰功受玉帝勅旨封為亢金大神又封為翊靈昭武將軍兵馬都部署賜以玉環一握瓔花一朶金牌一面内篆無拘霄漢四篆左手執玉環右手執鉄簡有事出入天門朝奏又奉帝旨令下五嶽為岳府猛將衆神之宗嶽班之首惟帥能拜金闕巡察五嶽累朝封爵血食於温州東嘉之民敬而畏之後至宋寧宗年間有嗣漢三十六代天師飛清真人張君始持符召之法後用嶽神而得位十太保之列首温太保之名召之之廟後翊贊云

南嶽道上黄君虚奉南嶽領秩仙公紫虛元君命書于誌

封

東嶽統兵天下都巡檢五嶽上殿奏事急取罪人察玉皇殿前左亢金翊靈昭武雷王佑侯温元帥

朱元帥

帥姓朱諱彥夫法號銖銖先昔胎寄於崑崙山頂毓於癸亥年十月癸亥
日時乃六氣之精聚鍾四時不散而成形歸其體蠶眉巨眼紫圓為乳
吸露為漿既長遂以胎元為衣長七人物七自化為鐵水布六氣為六殺神
時發陰霧㷭空日月無光民無良苦並痛其毒天下然長為混沌世矣[illegible]
時下帝惡其民害也乃敕之帥最長為雄無不為囊中物者命玄天觀[illegible]
亦不北坎北蛛之故而京都近鑑西氣逼人也太清助以逍遙扇以扇其
妖氣命謝天君以火德星入其囊以燒其室師無能為也帝獲以劍指之
曰汝能從我遊无以淪及人也獨於不信道法者以禁魔帝為以警侮
來吾能受汝元帥之職以察訛偽聖賢師唯上受戒乃左金鉞右皇纛
威顯

張元帥

山東鄆州縣衍張姓名純帥乃父也母黃氏夢金甲神而生帥因名健誕於則天癸卯歲八月癸卯日酉時帥幼而聰俊長而神清貌似靈官美髭精聖吏由科第宦至刺史深諳人間事耳听政口辦說立禁立斷而民不冤焉且仁交剛兼時上鍾意於年少俊士詔貢以千計選應運花不給之役帥恥之以時多疱疫盘中選者報国人頼以安焉作生祠而祀之玉帝以為不曲不阿忠之屬也且才辨千給徙之屬也直以飛捷報應之敕帥之以共天門寄心機又褒以盡忠錫以瘟捷加以二郎金盔以善理痲痘役尊以保童為司命之官也作福者詳之

辛興苟元帥

古雍州界地有神雷山至京值時雷氣發揚于二月為卯於今為震雷門所發之坤感氣閃赫無物不折至夏秋雷藏地中作雞狀入于谿岩內昔八月雍民新姓名興者字震宇母張氏家貧負薪以養母至慇苦一日往雷山采薪計值谿岩中成雞形者五興心喜曰可以為進膳省耳竟獲以歸進之母母竈補機內衣覆之納于雞桐省囚隨以內衣覆其上而欲烹其一神雞作人言曰予雷耳不可啖也乞宥一剎之恩嫗出則雷霹靂而起母破膽氣喪嗚呼責新携醴以入抱母痛而哭曰予何極也抑至此耶乃拭淚目其背有金痕曰況一之氣青帝之英威令所加莫予敢攖勞惡誅邪惟吾司命乃知雷也蓋泣而訴之昊曰母非惡非邪也胡不以殛邪而殛母耶矧有天下之為惡者雞名也遂詭禍之雷雞而追之乃雷為肉衣所掩竟不能震第莫為碎耳英氣沖盛而雷電雨風霹靂交至欲下擊于伏苟莹為母故而怜之遂變為道士進而揖曰孝子獨不畏雷而反制雷吾擊

神懼以傷而毋而毋以怨也余等怠惟而所命以鎮凶非因奉十二火相
啖之帥遂易形披其頭喙其觜與其兩肩左右插腳踏五鼓雷帥化母
屍而上去天帝咸甚至奇也迎而封之為
雷門苟元帥與畢帥共五方事往來行天前迷明中和魔鬼惡

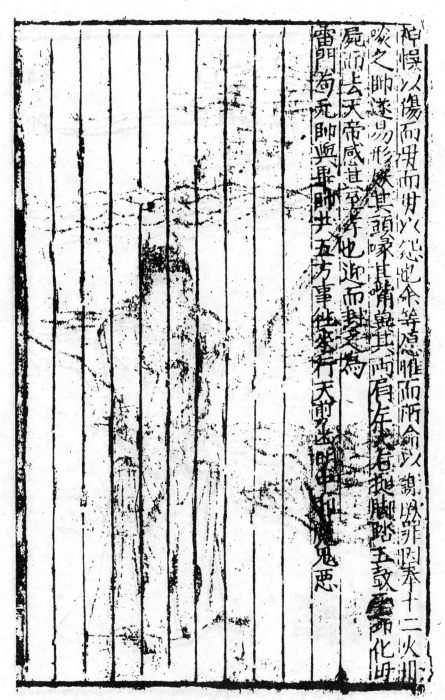

鐵元帥

鐵元帥

維殷末世魔王現世負靈若胎生飯湯于幽壠蒸醫者以汲化淪瀸于谿谷出沒盤結妖帳長大盡玉帝聞太乙真人表詔六丁入胎於石城顏氏之家有妊無父因以鐵為姓而頭其名生于商辛丙午年五月七日寅時助幼而武勇氣挾山岳膽潞天地力倒九牛殺殺為鬼于水瀆之陽降火馬于陰山之北殲魔鬼于對火朝中擒妖狐于紫盧樓下淨江亂河誠靈威玄龜于溷混之渚玄帝大以坎離二業故而開雲于九天之下正位帥之男催山海乃踏龜蛇邀助太虛以同昇封為猛烈元帥分任玄宮之實矣

太歲殷元帥

帥者紂王之子也母皇后姜氏一日后遊宮園見地巨人足跡后以足踐之而孕降生帥也肉毬包裹其時生下被王寵愛姬名妲己冒奏王曰正宮產怪王命棄之郊外老嫗見而不敢踐其體王又命投之于郊烏鳴噭日白鹿供乳適金鼎化身申真人經過但見祥雲靄靄紫氣騰騰毫光四起真人近而視之乃一肉毬遂曰此仙胎也將劍剖破得一嬰兒即抱歸水濂洞求乳母賀仙姑哺而育之法號唅金叮啟延名盜鄧石文緣其棄郊之故命乳名殷郊年將七歲尚戲乳母後劉遊說母曰汝非吾子乃紂王無道所信偏妃妲己之言將汝為妖致母墜樓而死帥感泣覓見真人曰冤要報殺母之仇真人曰吾兒年幼不可去也帥堅請去真人曰汝果有心酬力報母亦孝思也但即往天妃八宝洞中取何宝物為使方可前去帥往取黄鉞金鍾而見真人曰取此何也答曰此物好誅妖昏是時真人口中不語憐帶微笑意許如此累然年幼不能盡力令往取兵書副汝先乘海

馬下山收二强人為副帥領命即收鷹神鵶將帶歸見真人又命再往掃
蕩山收得十二强人方可征商帥不知强鬼乃十二喪門哭鬼骷髏神帥
即往盡戮之懸首掛頸胸而回真人曰此骨非他也能助陣一敲鬼哭神
驚人所恃闘手軟不戰自退於是指帥助武王而伐紂至牧野率雷霆等
前鋒顯威殺商士前徒倒戈自戮血流漂杵當先趕至摘星樓上正值妲
己元是妖雉亡國日迷主精夜吃人血後見紂敗欲顯聖化去被帥威攝
斂形擒見周王命戮妲己大挺妖容炫目無忍殺者帥抱忠憤孝義不荒於
色發斧誅之妖散光化道黑烟而沒
玉帝聞有孝義之思又有斬妖之勇遂召勅封
地司九天遊奕使至德太歲殺伐威權殷元帥

斬鬼張真君

公姓張名巡妻劉氏妾柳氏玄仁宗時進士出身官拜睢陽令遭安祿之變史記名亭登天亂四郊叛蕩公負孤城臨機應變不依古法前後三百餘戰百戰自克保障中原纖無一不取之敵若第公性剛烈每象發髮豎羽落則視其始以背城奪旗鼓耕以芟蔞殺思明收萬矢於束草出奇之際整威武于半食野戰之場明忠義於浩瀚之餘識人倫於天道之頂知將令於軍將軍之時堅志于殺安祿山之表洩貞義於厲鬼殺賊之詞至今霽將軍噬指于都以示信諸軍伍雖羅雀掘鼠木食而不攜然不屈于畔逆之道罵不㓜於鋸解之吁嗟堅貞凜烈曜天射日真古天地一孤忠歟後唐宋歷封為

空山忠靖景佑福德真君

康元帥

帥乃龍馬之精而生於黃河之界父康卿母金氏娠時仁皇泰德九年庚申戊寅月庚辰日戊寅時帥生而慈悲不傷胎不折夭不害孤寡不[illegible]氣雖毆頑蠢動而虫蟻皆不輕殺為食以殘紅飲以醇漿時有鶴雛為彈所搏折翼而墮下則收而哺之後鶴含長生草而報公之鄉里耆壯之士遇以病者四方謂之稱仁聲聞于天天帝亦以民之所稱者封之曰仁聖元帥以掌四方都社令焉帥乃左執金斧右執瓜鎚與王靈相周旋

風火院田元帥

帥兄弟三人孟田苟留仲田洪義季田智彪父諱鏌母姓刁諱春喜乃太平國人氏唐玄宗善音律開元時帥承詔樂師典音律猶善於歌舞鼓一擊而桃李甲笛一奏而雨遏流雲韻一唱而紅梅破綻調一弄而庶明風起以教玉奴花奴盡善歌舞復侍御宴以酣帝墨塗其面令其歌舞大悅帝頗面去不知所出後緣帝母感恙瞑目間則帥三人翩然歌舞鐙鼓競喜樂事已而神爽形彩若焉而醒其疴愈焉帝悅有海棠春醒高燭照紅之句而封之侯爵至漢天師因治龍宮海藏疫鬼徜徉作法治之不得乃請教于帥帥作神舟統百萬兒郎爲鼓競奪錦之戲京中譟疫鬼出觀助天師法斷而送之疫患盡除至今正月有遺俗焉天師見其神異故立法差以佐玄壇敕和合二仙助顯道法無和不合無順不成天師保奏

唐明皇帝封冲天風火院田太尉昭烈侯

田二尉昭佑侯　田三尉昭俊侯
圣公圣慈濟侯　聖母刁氏縣君
三伯公昭濟侯　三伯婆令夫人　竇郭賀三大尉
金花小姐　梅花小娘　勝金小娘
萬回圣僧　和事老人　何公三九承士
都和合潘元帥　天和合梓元帥　地和合柳元帥
斗中楊耿二仙使者　送富銀樑多孫喜　青衣童子
十連橋上橋下棚上棚下歡喜要笑歌舞紅娘粉郎圣衆
岳陽三部兒郎百萬圣衆云云

孟元帥

孟元帥

帥有姓孟名山者仁義孝慈萬古不磨至今賞人心原於頃其為獄官釋因一事足卜其賢矣因法所不容至不可以信義感易知也卅以殘冬息親動闔門數百之泣皆因劫慕親曰而獨無毋乎姐相見邀帥哀其情勝亦想遂泣涙因約因亦泣涕帥約至今冬廿九日而釋來正初五而還果不爽一焉帥遂以為例焉又之私心謂曰因向斯乃一念思親毒也信而囚時義也既信吾我孝且義可語慈矣因戲之曰倘赦行女等復吾麼因泣曰誰而死心耶等輩一惧安肯再惧第所謂因人戲談耳帥曰汝敗慮深深釋之囚泣曰是閻王殿上輪廻耳第予去君奚以脫等以汝活汝且以等死等活不如死帥曰以一死活百人之命何慮焉衆囚皆泣曰君倘毒吾死分也夫君實等以親而親思莫加焉又為出死以重厥罪夫蜷螺惟貪生亦奚忍其心至此乎不為也一因淡泣曰君言良德令人心骨悚耳帥曰真言民哉因咽哽而言曰君毋為然只此言令人碎身難報也帥聞之亦

洲曰予自有脫計衆問之帥曰勿問囚曰誠而全愿听甚勿自苦也皆拜
之各漸〻而去最祝之曰愿天相吉人無爲縲且世其昌乎不意府王滕
公知而營之曰八百囚鈇一無生還也讀之痛焉帥思曰死何怨第復
命難矣時獨夕刺鎗于窗自殺凡三踴躍而白虎三倒其鎗忽靡看者曰
上有救帥但爲府君命也急而出則車馬旗士引焉遥拜
王帝救爲酆都元帥遂後於其帽上加瓔花一朵時帥尚未釋其鎗于手
即加黃龍鎗焉乃知封也事聞于府時太府亦申文于上乃
勅國初亦像其廟而加以將軍號焉並贊之曰將軍兮萃廣西之靈伏羲
兮生八百之蒼黎感諸奴兮盡面以從新英波一方兮皆可封之餘饗慨
歟犴兮廣哉乎于空囹聊父其浩兮亦積善之苗裔毋鄭氏兮紹太似之
聲音昭彼行兮以礪萬人凡吾民兮無入于徽纆生于戊申八月十二日
而沒于庚辰冬也謹并其始終以錄

慧遠禪師

釋慧遠本姓賈氏鴈門樓煩人也弱而好書年十三隨舅令狐氏遊學許洛故少為諸生博綜六經尤善莊老性度弘偉風鑒明拔雖宿儒英達莫不服其深致年二十一欲度江東就范宣子共契值石虎已死中原寇亂南路阻塞志不獲從時沙門釋道安立寺於太行恒山弘讚像法聲甚張聞遠遂往歸之一面盡敬以為真吾師也後聞安講波若經豁然而悟便與弟慧持投簪落髮委命受業既入乎道厲然不群常欲總攝綱維以大法為已任精思諷持以夜續晝貧旅無資縕纊常闕而昆弟恪恭終始不懈有沙門曇翼每給以燈燭之費安公聞而喜曰道士誠知人矣年二十四便就講說嘗有客聽講難實相義往復移時彌增疑昧遠乃引莊子義為連類於惑者曉然是後安公特聽慧遠不廢俗書安有弟子法遇曇徽皆風才照灼志業清敏並推服焉後隨安公南遊樊沔偽秦建元九年秦將苻丕寇拜襄陽道安為朱序所拘不能得去乃分遣徒衆各隨所之

皆被誨約遠不蒙一言遠乃跪曰獨無訓勗懼非人例安曰如汝者豈復相憂遠於是與弟子數十人南適荊州住上明寺後欲往羅浮山及屆潯陽見廬峰清淨足以息心始住龍泉精舍此處去水本遠遠乃以杖扣地曰若此中可得栖立當使朽壤抽泉言畢清流涌出後卒成溪其後少時潯陽亢旱遠詣池側讀海龍王經忽有巨蛇從池上空須臾大雨歲以有年因號精舍為龍泉寺焉陶侃經鎮廣州有漁人於海中見神光每夕豔發經旬彌盛怪以白侃侃往詳視乃是阿育王像即接歸以送武昌寒溪寺寺主僧珍嘗往夏口夜夢寺遭火而此像屋獨有龍神圍遶珍覺馳還寺寺既焚盡唯像屋存焉侃後移鎮以像有威靈遣使迎接數十人舉之至水及上船船又覆沒使者懼而反之竟不能獲及遠創寺既成祈心奉請乃飄然自輕往還無梗於是率眾行道昏曉不息釋迦餘化於斯復興自遠卜居廬阜三十餘年影不出山跡不入俗每送客遊履常以虎溪為界以晉義熙十二年八月初三卒春秋八十三

鳩摩羅什

鳩摩羅什此云童壽天竺人也善經律論化行於西域及東遊龜茲音丘慈龜茲王為造金師子座以處之時苻堅僭號關中關外國前部王及龜茲王弟並來朝堅堅引見二人說堅云西域多產珍奇請兵往定以求內附至堅建元十三年正月太史奏云有星見外國分野當有大德智人入輔中國堅曰朕聞西域有鳩摩羅什將非此耶即遣使求之至十八年九月堅遣驍騎將呂光率兵七萬西伐龜茲臨伐堅餞光於建章謂曰夫帝王應天而治以子愛蒼生為本豈貪其地而伐之正以懷道之人故也朕聞西域有鳩摩羅什深解法相善閑陰陽為後學之宗朕甚思之賢哲者國之大寶若剋龜茲即馳驛送什光軍未至什謂龜茲王白純曰國運衰矣當有勍敵從東方來宜恭承之勿抗其鋒純不從而戰光遂破龜茲殺純立純弟震為主光既獲什載與俱還中路置軍於山下將士已休什曰不可在此必見狼狽宜徙軍隴上光不納是夜果大雨洪潦暴起水深數丈死

若數千光始容而異之什謂光曰此凶亡之地不宜淹留推運揆數應速
言歸中路必有福地可居光從之至涼州聞苻堅已為姚萇所害光三軍
縞素大臨城南於是竊號關外年稱大安大安二年正月姑臧大風什曰
不祥之風當有奸叛然不勞自定也俄而梁謙彭晃相繼而反尋亦殄滅
至光龍飛二年張掖臨松盧水胡沮渠男成及從弟蒙遜反推建康太守段
業為主光遣庶子秦州刺史太原公纂率眾五萬討之時論謂業等烏合纂
有威聲勢必全剋光以訪什什曰觀察此行未見其利既而纂敗績於合
黎俄又郭馨嫐作亂纂委大軍輕還復為馨所敗僅以身免光中書監張
資文章士光甚器之資病光廣求救療有外國道又自云能差資疾光喜
給賜甚重什知叉言詐告資曰叉不能為益徒煩費耳冥運雖隱可以事試
也乃以五色絲作繩結之燒為灰末投水中灰若出水還成繩者則疾難
愈須臾灰聚浮出復繩本形既又治無效少日資亡頃之光又卒子紹襲
位數日光庶子纂殺紹自立稱元咸寧咸寧二年有豬生子一身三頭龍
出東廂井中到殿前蟠臥比旦失之纂以為美瑞號大殿為龍翔殿俄而

有黑龍升於當陽九宮門號為龍興門什奏曰比日潛龍出遊豕妖表異
龍者陰類出入有時而今屢見則為災眚必有下人謀上之變宜克己修
德以答天戒纂不納與什博戲殺棊曰斫胡奴頭什曰不能斫胡奴頭胡
奴將斫人頭此言有旨而纂終不悟光弟保有子名超超小字胡奴後果
殺纂斬首立其兄隆為主時人方驗什之言也什停涼積年呂光父子既
不弘道教故蘊其深解無所宣化苻堅已亡竟不相見及姚萇僭有關中
亦挹其高名虛心要請諸呂以什智計多解恐為姚謀不許東入及萇卒子
興襲位復遣敦請弘始三年三月有樹連理生于廟廷甚茂漸變為茝以
為美瑞謂智人應入至五月興遣隴西公碩德西伐呂隆隆軍大破至九
月隆上表歸降方得迎什入關以其年十二月二十日至長安興待以國
師之禮甚見優寵初杯度比丘在彭城聞什在長安乃歎曰吾與此子戲
別三百餘年杳然未期遲有遇於來生爾什未終少日覺四大不愈乃口
出三番神呪令外國弟子誦之以自救未及致力轉覺危殆於是力疾與
衆僧告別曰因法相遇殊未盡心方復後世惻愴何言自以闇昧謬充傳譯

譯凡所出經論三百餘卷唯十誦一部未及刪繁存其本旨必無差失願
凡所宣譯傳流後世咸共弘通今於衆前發誠實誓若所傳無謬者當使
焚身之後舌不焦爛以偽秦弘始十一年八月二十日卒于長安是歲晉義熙
五年也即於逍遙園依外國法以火焚屍薪滅形碎惟舌不灰爾

佛陀耶舍禪師

佛陀耶舍此云覺名罽賓人婆羅門種世事外道有一沙門從其家乞食其父怒使人打之父遂手脚攣躄不能行止乃問於巫師對曰坐犯賢人鬼神使然也即請此沙門竭誠懺悔數日便瘥因令耶舍出家為其弟子時年十三常隨師遠行於曠野逢虎師欲走避耶舍曰此虎已飽必不侵人俄而虎去前行果見餘殘師密異之至年十五誦經日記二三萬言所住寺常於外分衛廢於誦習有一羅漢重其聰敏恒乞食供之至年十九誦大小乘經數百萬言年二十七方受具戒後至沙勒國時國王不豫請僧齋會太子見而悅之請留宮內供養羅食後至復從舍受學甚相尊敬後羅什往龜茲為呂光所執舍停十餘年乃東適龜茲法化甚盛時什在姑臧遣使要之欲去國人留之停歲許後語弟子云吾欲尋羅什可密裝衣鉢勿使人知弟子曰恐明日追至不免復還耳舍乃取清水一鉢以藥投中呪數十言與弟子洗足即便夜發比至旦行數百里問弟子何

行數十里答曰唯聞疾風之響眼中淚出耶舍又與呪水洗足住息明旦
國人追之已差數百里不及行達姑臧而什已入長安聞姚興逼以妾媵
勸為非法乃歎曰羅什如好綿何可使入棘林中什聞其至姑臧勸姚興
迎之興未納頃之興命什譯出經藏什曰夫弘宣法教宜令文義圓通貧
道雖誦其文未善其理唯佛陀耶舍深達經致今在姑臧願下詔徵之一言
三詳然後著筆使微言不墜取信千載也興從之即遣使招迎厚加贈遺
悉不受乃笑曰明旨既降便應載馳檀越待士既厚脫如羅什見處信未
敢聞命使還具說之興歎其慎重至長安興自出候問別立新省於逍遙
園中四事供養並不受時至分衛一食而已耶舍先誦曇無德律偽司隸
校尉姚爽請令出之乃試耶舍令誦羌籍藥方可五萬言經日執文覆
之不誤一字衆服其強記即以弘始十二年譯出四分律凡四十四卷并
出長阿含等涼州沙門竺佛念譯為秦言道含筆受至十五年解座興嚫
耶舍布絹萬匹悉不受道含佛念布絹各千匹名德沙門五百人皆重嚫
施耶舍後辭還外國至罽賓得虛空藏經一卷寄賈客傳與涼州諸僧後不知所終

曇無竭禪師

釋曇無竭此云法勇姓李氏幽州黃龍人幼為沙彌便修苦行持戒誦經為師僧所重嘗聞法顯等躬踐佛國乃慨然有忘身之誓遂以宋永初元年招集同志沙門僧猛等共齎幡蓋供養之具遠適西方初至河南國仍出海西郡入流沙到高昌郡經歷龜茲沙勒諸國登葱嶺度雪山進至罽賓國禮拜佛鉢停歲餘學梵書梵語求得觀世音受記經梵文一部復西行至辛頭那提河緣河西入月氏國禮拜佛肉髻骨及覩自然水船後至檀特山南石留寺住僧三百餘人雜三乘學無竭停此寺受大戒復行向中天竺界路既空曠唯賫石蜜為粮雖屢經危棘而繫念所賫觀世音經未嘗暫廢將至舍衛國中野逢山象一群無竭稱名歸命即有師子從林中出象驚惶奔走後度恒河復值野牛一群鳴吼而來將欲害人無竭歸命如初尋有大鷲飛來野牛驚散遂得免之後於南天竺隨舶汎海達廣州其所譯出觀世音受記經今傳于京師後不知所終

佛大跋陀羅禪師

佛馱跋陀羅此云覺賢本姓釋氏迦維維衛人甘露飯王之
父母從祖鳩婆利聞其聰敏兼悼其孤露乃迎還度為沙彌十與
同學數人俱以習誦為業衆皆一月賢一日誦畢其師歎曰賢一日敵三
十夫也及受具戒修業精勤博綜群經多所通達以禪律馳名常與同
學僧伽達多共遊罽賓同處積載達多雖服其才明而未測其人也後於
密室閉户坐禪忽見賢來驚問何來答云暫至兜率致敬彌勒言訖便隱
達多知是聖人未測深淺後屢見賢神變乃敬心祈問方知得不還果常
欲遊方弘化備觀風俗會有秦沙門智嚴西至罽賓覩法衆清淨乃慨然
東顧曰我諸同輩斯有道志而不遇真匠發悟莫由即諮詢國衆孰能流
化東土僉云佛馱跋陀其人也嚴既要請苦至賢遂愍而許焉於是捨衆
辭師裹糧東逝步驟三載綿歷寒暑既度葱嶺路經六國國主矜其遠化
並傾懷資奉至交趾乃附舶循海而行經一島下賢以手指山曰可止於

此船主曰客行惜日調風難遇不可停也行二百餘里忽風轉吹船還向島下衆人方悟其神咸師事之聽其進止後遇便風同侶皆發賢曰不可動船主乃止既而有先發者一時覆敗後於闇夜之中忽令衆船俱發無肯從者賢自起收纜唯一船獨發俄爾賊至留者悉被抄害頃之至青州東萊郡聞鳩摩羅什在長安即往從之什大欣悅共論法相振發玄微多所悟益時秦主姚興專志佛法供養三千餘僧並往來宮闕盛修人事唯賢守靜不與衆同後語弟子云我昨見本鄉有五船俱發既而弟子傳告外人關中舊僧咸以為顯異惑衆僧道恒等謂曰佛尚不聽說已所得法先言五船將至虛而無實又門徒誑惑互起同異既於律有違理不同止宜可時去勿得停留賢曰我身若流萍去留甚易但恨懷抱未伸以為慨然耳於是與弟子慧觀等四十餘人俱發神志從容初無異色識真之衆咸共歎惜道俗送者千有餘人姚興聞去悵恨乃謂道恒曰佛賢沙門協道來游欲宣遺教緘言未吐良用深慨豈可以一言之咎令萬夫無導因敕令追之賢報使曰誠知恩旨無預聞命於是率侶宵征南指廬岳沙門

慧遠久服風名聞至欣喜若舊遠以賢之被擯過由門人若懸記
五舶止說在同意亦於律無犯乃遣弟子曇邕致書姚主及關中眾僧解
其擯事遠乃請出禪數諸經賢志在遊化居無求安停止歲許復西適江
陵遇外國舶主既而訊訪果是天竺五舶先所見也傾境士庶競來禮
事其有奉施悉皆不受持鉢分衛不問豪賤時陳郡袁豹為宋武帝太尉
長史宋武南討劉毅豹隨府屆于江陵賢將弟子慧觀詣豹乞食豹素不
敬信待之甚薄未飽辭退豹曰似未足且復少留賢曰檀越施心有限故
令所設已罄豹即呼左右益飯飯果盡豹大慚愧既而問慧觀曰此沙門
何如人觀曰德量高邈非凡所測豹深歎異以啟太尉太尉請與相見甚
崇敬之資供備至俄而太尉還都請與俱歸安止道場寺以元嘉六年卒
春秋七十有一

杯渡禪師

杯渡者不知姓名常乘木杯渡水人因目之初在冀州不修細行神力卓越世莫測其由嘗於北方寄宿一家家有一金像渡竊而將去家主覺而追之見渡徐行走馬逐之不及至于孟津河浮木杯於水憑之渡河不假風棹輕疾如飛俄而及岸達于京師見時可年四十許帶索襤縷殆不蔽身言語出沒喜怒不均或嚴冰叩凍洗浴或著履上山或徒行入市唯荷一蘆圌子更無餘物嘗從延賢寺法意道人處意以別房待之後欲往瓜步江於江側就航人告渡不肯載之復累足杯中嘯詠杯自然流直渡北岸向廣陵遇村舍李家八關齋先不相識乃直入齋堂而坐置蘆圌於中庭衆以其形陋無恭敬之心李見蘆圌當道欲移置牆邊數人舉不能動渡食竟提之而去笑曰四天王李家于時有一豎子窺其圌中有三小兒並長數寸面目端正衣裳鮮潔於是追覓不知所在後數日乃見在西界蒙龍樹下坐李禮拜請還家百日供養渡不甚持齋飲酒啖肉至

於辛鱠與俗無異百家奉上或受不受沛國劉興伯為兗州刺史遣使要之負擔而來興伯使人舉視十餘人不勝伯自看唯見一敗衲及一木杯後還李家復得二十餘日清旦忽云欲得一袈裟中時令辦李即經營至中未成渡云暫出至暝不返合境聞有異香疑之為怪處處覓渡乃見在北巖下敷敗袈裟於地卧之而死頭前脚後皆生蓮華極鮮香一夕而萎邑共殯葬之後數日有人從北來云見渡負蘆圌行向彭城乃共開棺唯有靴存焉既至彭城遇有白衣黃欣深信佛法見渡禮拜請還家家至貧但有麥飯而已渡甘之怡然止得半年忽語欣云可覓蘆圌三十六枚吾須用之答云此間止可有十枚貧無以買恐不盡辦渡曰汝但檢覔宅中應有欣即窮檢果得三十六枚列之庭中雖有其數亦多破敗比欣次第熟視皆已新完渡密封之因語欣令開乃見錢帛皆滿可堪百許萬識者謂是杯渡分身他土所得嚫施迴以施欣欣受之皆為功德經一年許辭欣為辦粮食明晨見粮食具存不知渡所在後東遊入吳郡路見釣魚師因就乞魚魚師施一餧者渡手弄反覆還擲水游活而去又見網師更從

乞魚網師網師瞋罵不與渡乃又收取兩石子擲水中俄有兩水牛鬪其網中
網既碎收不復見牛渡亦已隱行至松江乃仰蓋於水中乘而渡岸經涉
會稽剡縣登天台山數月而返京師時遊止無定請召或往不往時有
州有陳家頗有衣食渡往其家甚見迎奉聞都下復有一杯渡陳父子五
人咸不信故下都看之果如其家杯渡形相一種陳設一合蜜薑及刀子
薰陸香手巾等渡即食蜜薑都盡餘物宛在膝前其父子五人恐是其家
杯渡即留二弟停都守視餘三人還家家中杯渡如舊膝前亦有香刀子
等但不噉蜜薑為異爾乃詣陳云刀子鈍可為磨之二弟還都云彼渡已
移靈鷲寺一日忽求黃紙兩幅作書書不成字合同其背陳問上人作何
券書渡不答竟莫測其然時吳郡民朱靈期使高驪還值風舶飄經九日
至一洲邊洲上有山山甚高大入山採薪見有人路靈期乃將數人隨路
告乞行十餘里聞磬聲香煙於是共稱佛禮拜須臾見一寺甚光麗多是
七寶莊嚴又見十餘石人乃共禮拜還反行少許聞唱導聲還往更看猶
是石人靈期等相謂此是聖僧吾等罪人不能得見因共竭誠懺悔更往

乃見真人為靈期等設食食並是菜而香美不同世食竟共叩頭禮拜乞速還至鄉有一僧云此間去都乃二十餘萬里但令至心不憂不速也因問靈期云識杯渡道人不答言甚識因指北壁有一囊掛錫杖及鉢云此是杯渡住處今因君以鉢與之并作書著函中別有一青竹杖語云但擲此杖置舫前水中閉船靜坐不假勞力必令速去於是辭別令一沙彌送至門上語云此道去輒七里至船不須從先路去也如言西轉行七里許至船即具如所示唯聞船從山頂樹木上過都不見水經三日至石頭淮而住亦不復見竹杖所在舫入淮至朱雀乃見杯渡騎大航蘭以槌撫之曰馬馬何不行觀者甚多靈期等在舫遙禮之渡乃自下舫取書并鉢開書視之字無人識者渡大笑曰使我還耶取鉢擲雲中還接之曰我不見此鉢四千年矣渡多在延賢寺法意處時世以此鉢異物競往觀之有使常婢偷物而叛四追不擒乃問杯渡渡云已死在金城江邊空冢中往看果如所言孔寧子時為黃門侍郎在家患痢遣信請渡渡呪竟云難差見有四鬼皆被傷截寧子泣曰昔孫恩作亂家為軍人所破二親及叔皆

殺消告弊之果死又有齊諧妻胡母氏病衆治不愈後請僧設齋齋座有
僧勸迎杯渡既至一咒病者即愈齊諧伏事爲師因作傳記其從來神異
不可備記元嘉三年九月辭諧入東留一萬錢物寄諧倩爲營齋於是別
去行經赤山湖患病而死諧即爲營齋并拔殯還建康覆舟山至四年
有吳興邵信者甚奉法遇傷寒病無人救護信但念觀音忽見一僧來
云是杯渡弟子語云莫憂家師尋來相看答云渡練死何容得來道人
云來復何難便衣帶頭出一合許散與服之病即差又有杜僧哀者住在
南岡下昔經伏事杯渡兒病甚篤乃思念恨不得與渡練神明日忽見
渡來言語如常即爲咒病者便愈至五年三月渡復來齊諧家呂道惠聞
視之杜天期也須臾門上有一僧遊渡便辭去云貧道當向交廣之間不復
來也齊諧等拜送殷勤於是絕跡頃世亦言時有見者一日見形於上
衆皆大驚語立熙等今當大災可勤修福業往意者入其背德可往就之
脩立故寺以禳災禍

灵隱寺

寶公禪師

沙門寶公者嵩山高僧也從林慮向白鹿山將之太行山谿谷忽聞鐘聲尋響而進巖岫重阻登陟而趣乃見一寺獨據深林三門正南赫奕輝煥前至門所看額靈隱之寺門外五六犬其犬如牛白毛黑喙或蹤或臥迴眸眄寶寶怖將還須臾見胡僧外來寶喚不應亦不迴顧直入門內犬亦隨入良久寶見人漸次入門屋宇四周房門並閉進至講堂唯見床榻高座儼然寶入西南隅床上坐久之忽聞東間有聲仰視見開孔如井大比丘而後從孔飛下遂至五六十人依位坐訖自相借問今日齋時何處從來或言豫章成都長安隴右蔚北嶺南五天竺等無處不至動即千萬餘里末後一僧從空而下諸人競問來何太晚答曰今日相州城東彼岸寺鑒禪講會各各豎義有一後生聰俊難問詞旨鋒起殊為可觀不覺遂晚寶本事鑒為和尚既聞此語望得參謁因整衣而起白諸僧曰鑒是寶和尚諸僧直視寶須臾之頃失靈隱寺所在寶獨坐於柞木之下一無

所見唯巍巖谷禽鳥翔集喧亂及出山以問幽谿法師尚曰此寺在劫時
所聞谿法師所造年歲久遠賢聖居之非凡所住或沉或隱遷徙無定今
山行者猶聞鐘聲

智璪禪師

釋智璪俗姓張氏清河人年二十二親俱逝璪疾經歲月醫療無效彥稱就璪身次第吸嗽始三夜稍痊遂求離俗聞智者執行超群為世良導即之觸事諮詢伏膺受道乃遣行法華懺悔第二七日初夜懺訖還就禪床如欲安坐乃見九頭龍從地湧出上昇虛空明旦諮白智者云此是表九道衆生聞法華經將來之世破無明地入法性空爾陳至德四年住守林寺行法華三昧初日初夜如有人來推動戶扇璪問之汝是何人夜來推戶即長聲答云我來看燈爾頻經數遍問答如前其寺內先有大德慧成禪師夜具聞之謂弟子曰彼堂內從來有人惡鬼今聞此聲必是鬼來取人也吾欲就璪師扣戶而喚璪未暇得應便繞堂唱云善哉善哉其人了矣璪即開戶問意答云汝猶在耶吾謂昨夜鬼已害汝故此嗟耳第二日夜鬼入堂內推壁打柱周遍東西堂內六燈璪即滅五留一行道坐禪誦經坦然無懼[illegible]如此行法將訖見一青衣童子稱[illegible]善哉善哉言已不見以貞觀十[illegible]

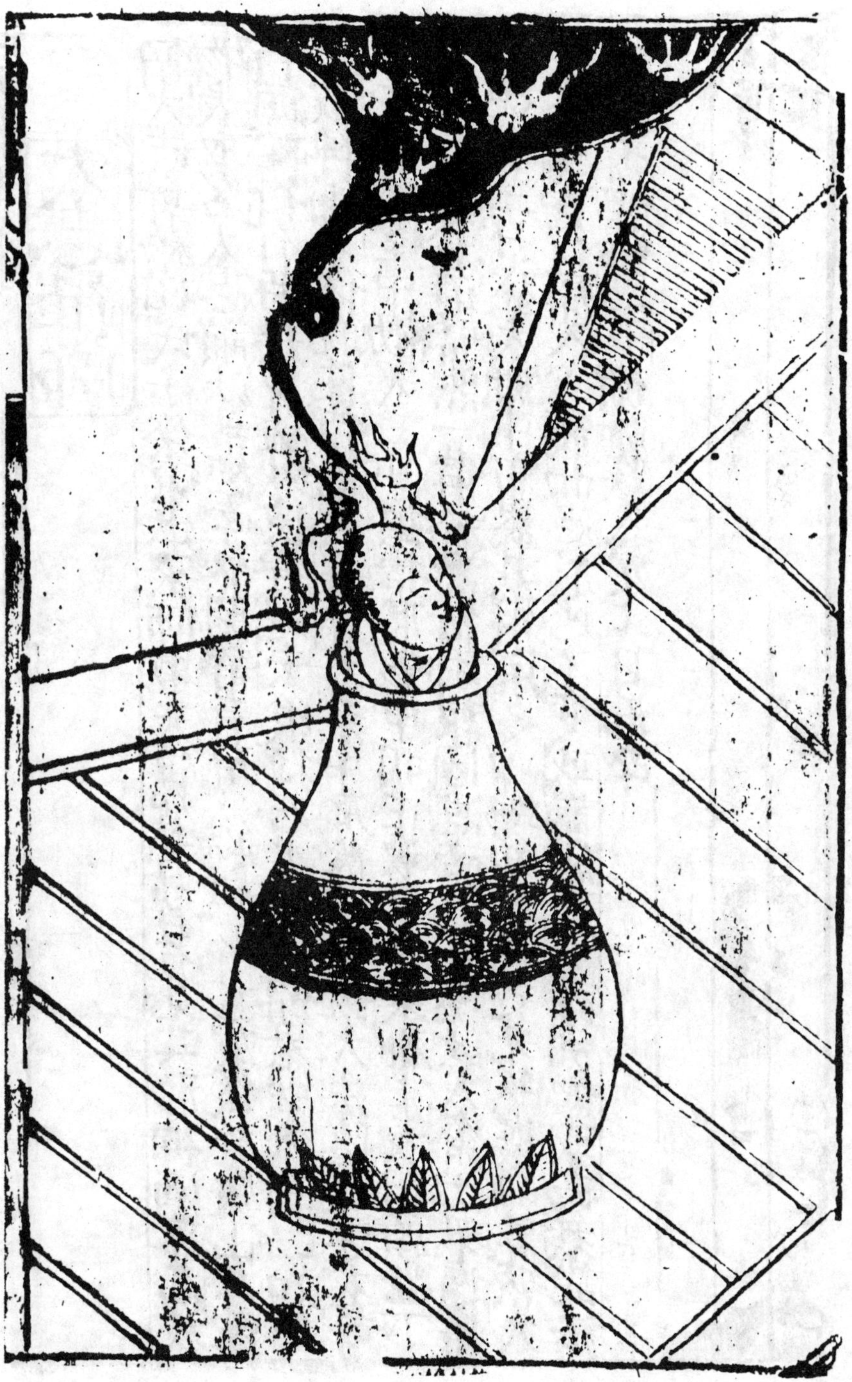

大志禪師

釋大志會稽顧氏子發蒙出家師事天台智者智者見其形神灑落高放物表取名大志誦法華經安然閑靜首屏以謝塵務後於廬山甘露行頭陀行有時投身猛獸猛獸避去食粒若盡惟以餌果繼命而已如是七載禪誦不休晚住持福林寺會大業中屏除佛教慨大法陵遲遂衣著孝衣於佛堂中慟哭三日哭訖形影申明正教即往東都上表曰願陛下興隆三寶貧道當然一臂於嵩嶽用報國恩帝許之遂設大齋七眾通集師絕粒三日登大棚中布裹其臂灌之以蠟如燎燃之光照巖岫見然大眾見苦行痛入心髓而志形色不變或誦經文或讚佛德或為眾說法聲聲不絕臂焦已下棚跏趺入定七日而卒

玄奘禪師

釋玄奘者俗姓陳氏洛州緱氏人也奘失怙恃少罹窮酷隨兄長捷法
師住淨土寺授以精理旁兼巧論年十一誦維摩法華東都恒度便預其
次自爾卓然梗正不偶欲纂大法後達長安住莊嚴寺又非本望西踰劍
閣既達蜀都受諸經論一闋不忘武德五年二十有一為諸學府雄伯沙
門講揚心論不窺文相而誦注無窮時曰神人後又遍遊荊揚等州訪諸
道隣復還京輦廣就諸蕃遍學書語行坐尋授數日便通側席機會貞觀
三年會災下敕道俗隨豐四出由斯得往西域取諸經像行至罽賓國道
險虎豹不可過奘不知為計乃鎖房門而坐至夕開門見一老僧頭面瘡
痍身體膿血牀上獨坐莫知由來奘乃禮拜勤求僧口授多心經一卷令
奘誦之遂得山川平易道路開闢虎豹藏形魔鬼潛跡遂至佛國取經六
百餘部以貞觀十九年還京師下敕令住玉華翻譯諸經藏奘大生常已來
生樹[illegible]以[illegible]西[illegible]若兄求所生緣天又[illegible]頂所請咸若此說後至玉

興復有陷災無不發願麟德元年告翻譯僧及門人曰有為之法必歸磨
滅泡影形質何得久停行年六十五必卒於玉華於經論有疑者可速問
聞者驚異師曰此事自知遂往辭佛及諸僧衆既卧疾常見大蓮花鮮白
而至又見佛相命僧讀所翻經論名目已總有七十三部一千三百三十
卷自慶欣悅總召門人有緣並集云無常將及急來相見於嘉壽殿以香
木樹菩提像骨對寺僧辭決并遺表訖便默念彌勒令左右扶右手支頭
左手髀上堅然不動氣絕神逝迨月色貌如常乃瘞於白鹿原初奘將往
西域於靈巖寺見有松一樹奘立於庭以手摩其枝曰吾西去求佛教汝
可西長若吾歸即去東廻使吾弟子知之及去其枝年年西指約長數丈
一年忽東廻門人弟子曰教主歸矣乃西迎之奘果還至今衆謂此松為
摩頂松

元珪禪師

釋元珪姓李氏伊闕人大通禪要深入玄微卜廬于嶽中龐塢時有峩冠者部從甚多稱謁師珪覩其貌偉奇精姿不倫謂之曰善來仁者胡為而至曰師寧識我耶珪曰吾觀佛與衆生等吾一目之豈分別識也對曰我此嶽神也吾能司生死於人師安得一目我哉珪曰汝能生死於人吾本不生汝焉能死吾視身與空等視吾與汝等汝能壞空與汝乎苟能壞空及汝吾則不生不滅也汝尚不能如是又焉能生死吾耶嶽神稽首再拜曰我亦聰明正直於餘神詎知師有廣大之智辯乎願受正戒令我度世師曰汝既乞戒即既戒矣所以者何戒外無戒又何戒哉神曰此理也我聞茫昧止求師戒我身為門弟子珪辭不獲即為張座秉香舉鑪正几曰付汝五戒汝能奉持即曰能不能即曰否神曰洗耳傾听虛心納教珪曰汝能不婬乎神曰亦娶也曰非謂此也謂無羅欲也神曰能曰汝能不盜乎神曰何乏我也焉有盜取哉曰非謂此也謂饗而福淫

不供而禍善也神曰能曰汝能不殺乎神曰政柄在我焉能不殺曰非謂此也謂有濫誤疑混也神曰能曰能不妄乎曰吾正直焉能有妄曰非謂此也謂先後不合天心也神曰能曰能不遭酒敗乎神曰力能珪曰如上是為佛戒也又言以有心奉持而無心拘執以有心為物而無心想身能如是則先天地生不為精後天地死不為老終日變化而不為動寂默而不為休信此則雖娶非妻也雖享非取也雖柄非權也雖作非故也雖醉非惛也若能無心於萬物則羅欲不為婬福淫禍善不為盜濫誤混疑不為殺先後違天不為妄惛荒顛倒不為醉是謂無心也無心則無戒無戒則無心無佛無眾生無汝及無我無我無汝孰能戒哉神曰我神通亞佛珪曰大神通十有五能五不能佛則七能三不能神悚然避席跪啟曰可得聞乎曰汝能戾上帝東天行而西七曜乎曰不能又曰汝能奪地祇融五嶽而結四海乎曰不能珪曰是為吾不能也又曰佛能空一切成萬法智而不能即滅定業能知群有性窮億劫事而不能化導無緣能度無量有情而不能盡眾生如是為三不能也定業亦不[illegible]

謂一期衆生界本無增減豈無一人能主有法無主是謂無法無法無主
是謂無心如我解佛亦無神通也但能以無心通達一切法耳作用異見
有情前也石有心有作作用必不實周遍獄神曰我識淺昧未聞空義願
師授我戒我當奉行更何業因可拘墜界我願報慈德珪曰吾觀身無物
觀無常法寧塊然更有何欲神曰師必命我為世間事展我少小神功使
已發心初發心未發心不信心必信心五等人目我神蹤知有佛有神有
能有不能有自然有非自然者珪曰無為是無為是神曰佛亦使神護法
師寧隳叛佛耶願隨意垂誨珪不得已而言曰東巖寺之障也莽然無樹北
岫有之而背非屏擁汝能移北樹於東嶺乎神曰已聞命矣又曰我必昏
夜風雨攪霆震運頭師無駭即作禮辭去珪門送而觀之見儀衛如王者
之行伏其夕果有暴風吼雷奔雲震雷降棟壯宇及磴將圯定僧瞻動宿
鳥聲往互相鼓磕嘶王物不安所乃謂衆僧曰無怖無怖神與我契矣詰
旦和霽則北巖松栝盡移東嶺森然行植焉珪謂其徒曰吾殁後無令外
知若為口實人將妖我也以開元四年卒

通玄禪師

通玄姓李氏太原東北人也眾莫知之閒不可量度身長七尺餘形貌紫色眉長過目髭鬢紺綠毛彩紛然縱濃俯得雖所拘絆而詣博古今洞精儒釋開元七年齎自定襄而至盂縣之高家造論演暢華嚴不出戶庭幾于三載每日食棗十顆柏葉餅一枚餘無所須當其論并經帶一往中路逢一虎玄撫其背以所負經論搭載去土龕虎弭耳前行又造論之時室無指燭每夜秉翰於口兩角出白色光長尺餘炳然二女子詣前端雅每日齎食一奩于龕前食已撤器而去凡經五載至於紙墨供送無虧論成泯然不現所造論四十卷總括八十卷經之文義決疑論四卷一日鄉人聚斂之次玄來謂之曰汝等好住吾今去矣鄉人驚怪謂為他適乃曰吾終矣化行悲泣戀慕送至上龕曰去住常也鄉人下坡迴頭其處雲霧昏暗至于時儼然坐亡龕中白色光從頂出上徹太虛即開元十八年三月二十八日也報齡九十六時數人登山見其龕室內蛇虺填

滿冥得而前相與啗之蛇虺交散少長追感結伍迎于太山之北甃石為
墳而瘞之

一行禪師

釋一行俗姓張氏鉅鹿人也本名遂早歲不羣聰黠明利讀書早專已語詣嵩師事普寂禪師時有盧鴻者持其文至寺一行一覽之即無遺忘鴻驚謂寂曰非君所能教也當縱其遊學一行因窮大衍自此求訪不能數千里嘗至天台國清寺見門前有流水一行立於門屏間聞院中僧於庭布算其聲簌簌既而謂其徒曰今日當有弟子求吾算法已合到門豈無人導達耶即除一算又謂曰門前水合却西流弟子當至一行承言而入稽首請法盡授其術而門水復東流矣自此聲振遐邇玄宗聞之召令入內謂曰卿何能對曰善記覽玄宗因召掖庭取宮人籍以示之周覽既畢覆其本記念已熟如素所習讀數幅之後玄宗不覺降榻為之作禮呼為聖人嗟嘆良久尋乃召對無恆占其灾禍若指于掌言多補益玄宗開元九年太史上言麟德曆署蝕日食屢不效帝詔可禪師更造新曆奉詔推數之術以應之撰開元大衍曆一行於癸亥十月制黃道儀成帝自為之

鑄成安武成殿以示百官其儀準天之象具列宿赤道度數注水
激輪令其自轉一晝夜而天運一周外絡二輪綴以日月令得運行每天
東行一周日西行一度月行十三度以木櫃為平地令儀半在地下晦明
朔望遲速有準立二木人於地平其一前置鼓以候刻至一刻則自擊之其一前
置鐘以候辰每至一辰則自撞之各施輪軸交錯相持稱為神功邢和璞
謂太史令尹愔曰一行禪師其聖人乎漢之洛下閎造大衍曆記云後八
百歲當差一日則有聖人以糾正之今年期滿而一行師造大衍曆以
糾數家之謬則洛下閎之言不誣矣愔深以為然一行又嘗詣道士尹崇
借楊雄太玄經數月復詣崇還其書崇曰此書意旨深遠吾尋之積年尚
不能曉吾子試更研求何遽見還也一行曰究其義矣因出所撰大衍玄圖
及義訣一卷以示崇崇大嗟伏謂人曰此後生顏子也初一行幼時家貧
鄰有王姥前後濟之約數十萬一行常思報之至開元中一行承玄宗敬
遇言無不可未幾會王姥兒犯殺人獄未具姥詣一行求救一行曰姥要
金帛當十倍酬也君上執法難以情求如何王姥戟手大罵曰何用識此

僧一行從而謝之終不顧一行心計渾天寺中工役數百乃命空其室內徙一大甕於中密選常住奴二人授以布囊謂曰某坊某角有廢園汝往潛伺從午至昏當有物入來其數七可盡掩之失一則杖汝如言而往酉後果有群豕至悉獲而歸一行大喜令置甕中覆以木蓋封以六一泥朱題梵字數十其徒莫測詰朝中使扣門急召至便殿玄宗迎問曰太史奏昨夜北斗不見是何祥也師有以禳之乎一行曰後魏時失熒惑若今帝星不見古所無者天將大警於陛下也夫匹夫匹婦不得其所則隕霜赤旱盛德所感乃能退舍感之切者其在葬枯出繫乎釋門以瞋心壞一切善慈心降一切魔如臣曲見莫若大赦天下玄宗從之命中使持節大赦天下於是王姥兒亦在赦中然終不知一行之力也一行亦不自以為功而言之至其夕太史奏北斗一星見凡七日而復帝嘗問國祚幾何有留難否一行曰鑾輿有萬里之行社稷終吉帝驚問其故不答退以小金合進之曰至萬里即開帝一日發合視之盛當歸少許及祿山亂駕幸成都至萬里橋忽悟未幾果歸昭宗初封吉王唐至昭宗而滅故終吉至開

示寂[illegible]遊訪佛法師事普寂禪師日夕造焉或一日覲謁

寂對云吾有少事未暇款語且請遊迴休憩覓乃雅賓從山於空室見寂

禁漱正堂焚香端坐坐未久忽聞扣門連聲云天師一行和尚至矣一行

入詣寂作禮禮訖附耳密語其貌絕恭寂但頷云無不可者語訖後禮禮

訖又語如是者三寂唯云是是無不可者一行語訖降階入南堂自闔其

户寂乃命弟子云遣聲鍾一行和尚滅度矣左右疾走視之一如其言

滅度後寬服縗絰毳之日徒步出城送之春秋四十五帝哭之哀甚輟朝

三日停龕三七日行容貌如生帝親製碑書于石出內庫錢五十萬建塔

銅人原謚曰大慧禪師

釋無畏三藏本天竺人讓國出家道德名稱為天竺之冠所至講法必有
異跡初自天竺至所司引謁於玄宗玄宗見而敬信焉因謂三藏曰師不
遠而來故倦矣欲於何方休息耶三藏進曰臣在天竺時嘗聞西明
寺宣律師持律第一願往依止焉玄宗可之宣律禁戒堅苦焚修精潔三
藏飲酒食肉言行麤易往往乘醉喧競穢汙絪席宣律頗不能甘之忽中
夜宣律捫虱將投于地三藏半醉連聲呼曰律師律師撲死佛子耶宣律
方知其為異人也整衣作禮而師事焉在洛時有巨蛇高丈餘長且百尺
其狀甚異蟠蜿出於山下洛民咸見之畏語曰此蛇欲決水瀦洛城則
佛書義其蛇至夕則俛首聽於無畏責之曰爾蛇也當居深山中
用安其所何為將欲肆毒於世而速去[illegible]蛇俛首若有慙色遂
斃于地頃而死焉其後安祿山據洛陽[illegible]其言開元中三年
月旱帝遣使詔無畏請雨[illegible]旱數當然即有

咒龍從鉢中矯首水面畏咒遣之白氣出鉢騰薄語詔使曰速歸可遽奏

矣詔使馳出頃刻風雷震電詔使道入奏衣巾已透濕霈雨彌日而息

又嘗淫雨逾時詔畏止之畏埋泥媼五軀向之作梵語叱罵之即刻而霽

嘗過龍河以一橐駝負經沒水畏懼失經遂隨之入水於是龍王邀之入

宮講法為留三宿而出所載梵夾不濕一字其神異多類此

金剛智禪師

釋跋日羅菩提華言金剛智南印度摩賴耶國人也生數歲日誦萬言目覽心傳終身不忘年十六開悟佛理乃削染出家從師歷遊諸國至開元中達于廣府後隨駕洛陽其年自正月不雨迨于五月嶽瀆靈祠禱之無應乃詔智結壇祈請於是用不空鉤依菩薩法在所住處起壇深四肘躬繪七俱胝菩薩像立期以開光明日定隨雨焉帝使一行禪師謹密候之至第七日炎氣爀爀爞爞天無浮翳午後方開眉眼即時西北風生飛瓦拔樹崩雲泄雨遠近驚駭而結壇之地穿穴洪注道場質明京師士庶皆云智獲一龍穿屋飛去求觀其處日千萬人初帝之第二十五公主甚鍾其愛久疾不救移臥於咸宜外館閉目不語已經旬朔有敕令智授之戒法智使牛仙童寫敕一紙焚於琰摩王食頃琰王令公主亡保母劉氏護送公主魂歸於是公主起坐開目言語如常帝聞之不俟駕馳往外館公主奏曰冥數難移今王遣回略覲聖顏而已可半日間然後長逝自斯

符方加歸仰焉式出如前異衣官身存施寶與珍奇諸莊嚴飾舍利許命菩
薩又勸河東郡王於毘盧遮那塔中繪像諸門人曰此二人者壽命非久
矣經數月皆如其言至二十年壬申八月命門人曰白月圓時吾當去矣
遂禮毘盧遮那佛旋遶十帀寂然而化

釋鑑源禪師

釋鑑源不知何許人素行甄明後誦華嚴經號為勝集日供千人粥長其舍簷中米粟然數百斛取之不竭沿夏涉秋未嘗告匱冥感如此後多徵應有慧觀禪師見三百餘僧持蓮燈凌空而去歷歷如流星焉開元中崔冀公寧疑其妖妄躬自入山宿顏禁山四方面各三十里火光至第三夜有百餘丈燈現兼紅光可千餘丈冀公驚然作禮歎未曾有時松間出金色手長七尺許有二菩薩黃白金色閃爍然後庭前栢樹上書現一燈其明如日橫布玻璃山可三里頂寶珠一顆圓一丈熠燿可愛西嶺山門懸大虹橋橋上梵僧老叟童子間出有二炬爛然空中如相迎送交過之狀下有四菩薩兩兩偶立放通身光可高六七十尺復見大松林後忽有寺額篆書三學字又燈下垂繡帶二條東林之間夜出金山月當子午金銀二色燈列於知鉉師墳側常兩康阜每三月就寺設三百菩薩大齋並謹現相焉

嬾殘禪師

嬾殘者唐天寶初衡嶽寺執役僧也退食即收所餘而食性嬾而食殘故號嬾殘也晝專一寺之工夜止羣牛之下曾無倦色已二十年矣時鄴侯李泌寓於寺中讀書察嬾殘所為曰非凡物也聽其中宵梵唱響徹山林李公情頗知音能辨休戚謂嬾殘經音悽惋而後喜悅必謫墮之人時將去矣候中夜李公潛往謁焉望席門通名而拜嬾殘大詬仰空而唾曰是將賊我李公愈加謹敬唯拜而已嬾殘正撥牛糞火出芋啗之良久乃曰可以席地取所啗芋之半以授焉李公捧承盡食而謝謂李公曰慎勿多言領取十年宰相公又拜而退居一月刺史祭嶽修道甚嚴忽中夜風雷而一峯頹下其緣山磴道為大石所攔乃以十牛縻絆以挽之又以數百人鼓噪以推之物力竭而石愈固更無他途可以修事嬾殘曰不假人力我試去之眾皆大笑以為狂人嬾殘曰何必見嗤試可乃已寺僧笑而許之遂履石而動忽轉盤而下聲若雷震山路既開寺僧皆羅拜一郡皆呼至聖

聖剎光參之如何嬾殘悄然為懷去竟寺外虎豹忽爾成群日有殺傷無
由禁止嬾殘授我箠為爾盡驅除之衆皆曰大石猶可摧虎豹當易制遂
與之荊梃皆躡而觀之纔出門見一虎啣之而去嬾殘既去虎亦絕蹤後
李公果十年為相也

三教搜神大全

西域僧禪師

釋天竺人名僧若未詳何印度人也其貌甚陋纏乾陀色縷條衣穿葦屣曳杖錫化於京都嘗至常孕之生也絕三日其家召僧齋此僧不召自來常氏家僧咸怒之以幾席坐于庭中既食常氏命乳母出嬰兒請群僧視其壽胡僧忽自升階謂嬰兒曰別久無恙乎嬰兒若有喜色衆皆異之常氏先君曰此子生纔三日吾師何故言別久耶胡僧曰此非檀越之所知也常氏固問之胡僧曰此子乃諸葛武侯之後身耳武侯當東漢之季爲蜀丞相蜀人受其賜且久今降於世將爲蜀門帥宜蜀人之福吾往歲在劍門與此子交吾今聞降生常氏吾故不遠而來常氏異其言因以武侯字之後爲長以金吾節制劍南軍事遷太尉兼中書令在蜀門十八年果契胡僧之語也

本淨禪師

釋本淨未詳何許人簡氣高抗開闔頓參禪宗識性住茲又聞長蘆

華山多神仙洞府然山中不容凡俗淨乃入山結茅為室側有毒龍若

穴其龍大驕而山變現無恒淨焉呵之而馴擾焉又詣猛虎橫路為害樵

者不敢深入淨撫其頂誡約之猛虎俛耳而去居精舍有大兒情矜猾

者窮紓嘗納者庵內明旦告衆復化為鶴鳴唳空中而去滑後無知其終

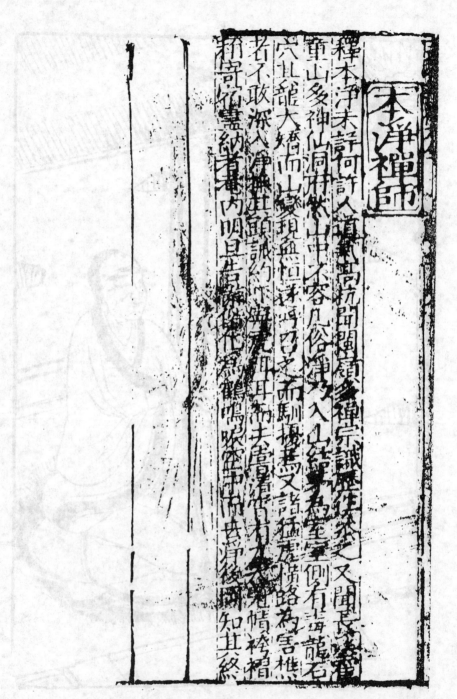

地藏王菩薩

識嘗聞佛教十地閻君尊朝賀成禮相傳王舍城傅羅卜法名目犍連嘗師事如來救母於餓鬼群叢作盂蘭勝會嘗殁而為地藏王以七月三十日為所生之辰士人禮拜或曰今青陽之九華山地藏是也按傳新羅國僧瑞渡海居九華山年九十九忽召徒眾告別但聞山鳴石隕俄分趺坐於函中泊三稔開將入塔顏貌如生舁之動骨節若金鎖焉故曰金地藏以是知佛所著之說

山廟

嵩岳伏僧禮師

嵩岳破竈墮和尚隱居嵩山山有廟甚靈唯安一竈祭祀無虛日師入廟以杖擊竈云此泥瓦合成聖從何來靈從何起又擊三下竈乃傾破墮落須臾一青衣人設拜師前曰我本此竈神久受業報蒙師說無生法得脫此生特來禮謝再拜而去少頃從衆問師竈神得何經旨便得生天師曰我只向伊道是泥瓦合成別無道理為伊衆無語師良久云會麼衆云不會師曰本有之性為什麼不會衆僧乃禮拜師曰破也墮也於是衆大悟

玄言

知玄禪師

悟達國師知玄與一僧邂逅京師時僧患迦摩羅疾人莫知其異也偕厭惡之知玄視候無倦色後別僧謂知玄曰子後有難可往西蜀彭州茶隴山相尋有二松為誌後玄居安國寺懿宗親臨法席賜沉香為座恩渥甚厚忽膝生人面瘡眉目口齒俱備每以飲食餧之則開口吞啖與人無異求醫莫效因憶舊言乃入山相尋見二松於烟雲間信所約不誣即趨其處佛寺煥儼僧立于山陰顧接甚歡天晚止宿知玄以所苦告之曰無傷也山有泉旦濯之即愈黎明童子引至泉所方掬水間瘡忽人語曰未可洗公曾讀西漢書否曰曾讀既讀之寧不知袁盎殺鼂錯乎公即袁盎吾是鼂錯也錯腰斬東市其冤何如哉累世求報於公而公十世為僧戒律精嚴報不得其便今公爲受賜過奢名利心起故能害之蒙迦諾迦尊者洗我以三昧法水自此不復為公冤矣時知玄魂不住體急掬水洗之其痛徹髓絕而復甦其瘡亦旋愈回顧寺宇莽不復見因卓菴其處遂成大寺錫

文藏其與感精世之[illegible]翻因述藏法三卷盡取三
號曉業之義名曰水藏

青衣神

青衣神即蠶叢氏也按傳蠶叢氏初為蜀侯後稱蜀王嘗服青衣巡行郊野教民蠶事鄉人感其德因為立祠祀之祠廟遍於西土罔不靈念俗呼之曰青衣神青神縣亦以此得名云宋謝枋得蠶婦有詩云

詩曰

蒼口資身賴以桑　終成王道澤流長
吐絲不羨蜘蛛巧　飼葉頻催織女忙
三起三眠時化運　一生一死命天常
待看獻繭盆繅后　先墅君王作衮裳

九鯉湖仙

九鯉仙乃是福建興化府仙遊縣何通判妻林氏生有九子皆瞽目止有大公子一目不瞽其父一日思之大怒欲害之其母知覓速命人引九子逃至仙遊縣東北山中修煉名曰九仙山又居湖側煉丹丹成各乘赤鯉而去故湖名九鯉廟在湖上最靈驗每大比歲各郡中士子祈夢于此信者甚衆

本朝黄孟良感其事賦詩一律以紀之云

詩曰

人已登仙鯉化龍　伊誰湖上構仙宮
石遺丹竈凝煙裊　雲鎖瑤壇縹緲中
青鳥去來猶夜月　碧桃開落自春風
此行不為邯鄲夢　擬向圯橋謁石公

張天師

天師者漢張道陵迺子房八世孫光武建武間生於吳天目山季長主法術隱北邙山章帝和帝累召不起又之徧遊名山東抵興安雲錦溪升高而望曰是有異境緣行流而之云錦洞有石爲煉丹其中三年青龍白虎旋遶於上丹成餌之時年六十容貌益少又得秘書通神變化驅除妖鬼後於蜀之雲臺峯升天所遺經籙符章并印劍以授子孫其四代曰盛復居此山歷代重之今其子孫世襲眞人居於江西廣信府貴溪縣之龍虎山

王侍宸

侍宸姓王名文卿宋時臨川人侍宸其官也生有骨相有道者望之長而遊四方遇異人授以道法能召風雷宋徽宗号為金門羽客凝神殿侍宸寵冠當時賜賚一無所受時揚州大旱詔求雨侍宸為伏劍噀水曰借黃河水三尺後數日揚州奏得雨水皆黃濁屋覓顯異大元時始建祠今祠在建昌之府城內是也靈應益著執牲帛而乞靈者絡繹於道也

廬山匡阜先生

先生姓匡名續字君平周楚人号匡阜先生生而神靈兒時便有物外志周武王時師老聃得長生之道結茅南障山虎溪之上隱焉室中無所有為置一榻簡書數篇而已武王屢徵不赴遇少年傳以仙訣得道漢武帝南巡狩登祀天柱嘗望秩焉繼而封蛟潯陽江中復封先生為南極大明公道高危虎伏德重見神歆先生能伏五嶽使者為之部屬更命立祠於虎溪曰隱郡守桓伊迁先生祠於山口能神猛部之神凡水旱疾疫禱之皆應焉

黃仙師

仙師姓黃行七居於汀州上杭人也業巫術能鞭撻鬼魔驅逐妖怪師廟在上杭縣治之西南舊在鍾寮場石峡中後遷於此相傳昔有山精石妖為害巫者黃七公以符法治之因隱身入於其石不出石壁隱隱有人影望之儼若仙師像昔人有詩云

詩曰

非是神刓非鬼劃　解生烟霧解生雲
仙師一入山頭石　草木蒙茸盡[illegible]

北極驅邪院

左判官者唐京兆人顏真卿德宗命真卿問罪李希烈親族餞于長樂坡公醉跳躑而踰曰吾早遇道士云陶八八授以刀圭碧霞丹至今不衰又曰七十有厄即吉他日待我于羅浮山得非今日之厄乎公至大梁希烈命縊殺之瘞于城南希烈敗家人啓柩見貌狀如生徧身金色爪甲出手背鬚長數尺歸葬偃師北山后有商人至羅浮山有二道士奕棋樹下一曰何人至此答曰小客洛陽人道士笑曰願寄一書達吾家遣童子取紙筆作書客還至北山顏家子孫得書驚曰先太師親筆發塚開棺已空矣后白玉蟾六顏真卿為北極驅邪院左判官

那吒太子

那吒本是玉皇駕下大羅仙身長六丈首帶金輪三頭九眼八臂口吐青雲足踏盤石手持法律大噉一聲雲降雨從乾坤爍動因世間多魔王玉帝命降凡以故托胎于托塔天王李靖母素知夫人生下長子軍吒次木吒師三胎那吒生五日化身浴於東海脚踏水晶殿翻身直上寶塔宮龍王以踏殿故怒而索戰師時七日即能戰殺九龍老龍無奈何而哀帝師知之截戰于天門之下而龍死焉不意時上帝壇手搭如來弓箭射死石記娘娘之子而石記興兵師取父壇降魔杵西戰而戮之父以石記為諸魔之領袖怒其殺之以惹諸魔之兵也師遂割肉刻骨還父而抱真靈求全于世尊之側世尊亦以其能降魔故遂折荷菱為骨藕為肉絲為脛葉為衣而生之授以法輪密旨親受木長子三字遂能大能小透河入海移星轉斗嚇一聲天頹地塌呵一氣金光罩世鍮一响龍順虎從鎗一撥乾旋坤轉綉毬丟起山崩海裂故諸魔若牛魔王獅子魔王大[illegible]

魔王宗出世界魔王鬼子母魔王九頭魔王多利魔王歪齒天魔王五百夜叉七十二大魔甚為猖獗以至於擎赤猴降孽龍盡魔有盡而師之靈通廣大變化無窮故靈山會上以為通天太師威靈顯赫大將軍玉帝即封為三十六員第一總領使天師之領袖永鎮天門也

五 雷神

雷神廟在廣東雷州府之西南八里昔鄉人嘗將麻布造雷鼓雷車置廟中有以魚彘肉同食者立為霹靂震死記云陳大建初州民陳氏者因獵得一卵圍及尺余攜歸家忽一日霹靂而開生一子有文在手曰雷州后養成名文玉鄉俗呼為雷種后為本州刺史歿而有靈鄉人廟祀之陰雨則有電光吼聲自廟而出宋元累封王爵廟號顯震德祐中更名威化國史補雷州春夏多雷秋日則伏地中其狀如彘人取而食之又雅州舍屋山有雷洞鼓以瓦石應手雷震也

電母神

神異經曰東王公與玉女投壺矯而脫誤不接者天為之笑開口流光今之閃電是也

風伯神

飛廉是也應劭曰飛廉神禽能致風氣身似鹿頭似爵有角尾似蛇大如豹風伯之神也

雨師神

商羊是也商羊神鳥一足能大能小吹則溟渤可枯雨師之神也

海神

即海若也一名海若秦始皇造石橋欲度海觀日出海神為驅石始皇求神相見神曰[illegible]莫圖我形始皇從之及見左右巧者拍畫神形神怒曰帝負約可速去今石橋在文登縣

潮神

即子胥人見其素車白馬乘潮而出

水神

謂禺強河伯

波神

謂川后

洋子江三水府

五代史楊氏據江封馬當為

上水府廟在山之陽

采石為

中水府廟在采石山下封王宋加顯靈順聖忠佐平江王

金山為

下水府廟在金山寺內三廟

本朝俱稱水府之神水面江心一呼以應舟人過者必具牲帛以禱今有

司歲時致祭

蕭公爺爺

公姓蕭諱伯軒龍眉蚪髮美髭髯面如童少年爲人剛正自持言笑不苟
善善惡惡里閈咸爲之質平殁於宋咸淳間遂爲神附童子先事言禍福
甚若發机鄉民相率爲立廟江西臨江府新淦縣之大洋洲保祀數著
禱必應福還十方
大元時以其子蕭祥叔殁而有靈合祀于廟
皇明洪武初嘗遣官諭祭永樂十七年其孫天任卒屢著靈異亦祀于此
上
詔封爲水府靈通廣濟顯應英佑侯大弟威靈于九江八河五湖四海之

風

晏公爺爺

公姓晏名戍仔江西臨江府清江鎮人也濃眉虬髯面如黑漆平生疾惡如探湯人少有不善必曰晏公得無知乎其爲人敬憚如此

大元初以人材應選入官爲文錦局堂長因病歸登舟即奄然而逝從人斂具一如禮未抵家里人先見其暢騶道於贑野之間衣冠如故咸重稱之月余以死至且駭且愕詰見之日則即其死之日也啓棺視之一無所有蓋尸解云父老知其爲神立廟祀之有靈顯于江河湖海凡遇風波洶濤商賈叩投即見水途安妥舟航穩載綱纜堅牢風恬浪靜所謀順遂也

皇明洪武初詔封顯應平浪侯

開路神君

開路神君乃是周禮之方相氏是也相傳軒轅皇帝周遊九垓元妃螺祖死於道令次妃嫫姆監護因置相以防夜盖始也俗名險道神一名阡陌將軍一名開路神君其神身長丈餘頭廣三尺鬚長三尺五寸鬚赤面藍頭戴束髮金冠身穿紅戰袍脚穿皂皮靴左手執玉印右手執方天畫戟出柩以先行之能押諸凶煞惡鬼藏形行柩之吉神也置傳之於後世

法術呼律令

令平声

呼卽有神名曰律兒善走與雷相疾速故符呪云急急如律令勅置傳後世道釋之流召帥將風雷城隍社可畫符呪皆以用之

門神二將軍

門神乃是唐朝秦叔保胡敬德二將軍也按傳唐太宗不豫寢門外拋磚弄瓦鬼魅號呼三十六宮七十二院夜無寧靜太宗懼之以告群臣秦叔保出班奏曰臣平生殺人如剖瓜積屍如聚蟻何懼魍魎乎願同胡敬德戎裝立門以伺太宗可其奏夜果無警太宗嘉之謂二人守夜無眠太宗命畫工圖二人之形像全裝手執玉斧腰帶鞭鍊弓箭怒髮一如平時懸于宮掖之左右門邪祟以息後世沿襲遂永為門神丙進記小詞有本是英雄豪傑舊勳臣只落得千年稱戶尉萬古作門神之句傳於後世也

天王

按釋氏源流有毘樓勒叉天王有毘留博叉天王有提頭賴吒天王有[illegible]沙門天王昔唐太宗從高祖起義兵有神人現於前自稱毘沙門天王願[illegible]力定亂其手得有稽首眾異者故所向成功及即位詔天下公府皆立[illegible][illegible]聖初詔諸郡置祠仍[illegible]寺俱以天王為祀此天王之所由[illegible]

西天竹藏板三教源流搜神大全卷終

三教源流聖帝佛祖搜神大全／（明）西天竺藏版七卷本・無名氏輯。明刊本--影印本--臺北市：臺灣學生，民 78
10,346面；21公分--（中國民間信仰資料彙編第一輯；2）
ISBN 957-15-0017-8（精裝）：全套新臺幣20,000元

I（明）西天竺藏版七卷本・無名氏輯　II中國民間信仰資料彙編第1輯；2
272.08/8494 V. 2

中國民間信仰資料彙編　第一輯

王秋桂　李豐楙　主編

三教源流聖帝佛祖搜神大全（全一冊）

編輯者：明・無名氏
出版者：臺灣學生書局
發行人：丁文治
發行所：臺灣學生書局
臺北市和平東路一段一九八號
郵政劃撥帳號〇〇〇二四六六八號
電話：三六三四一五六
本書局登記證字號：行政院新聞局局版臺業字第一一〇〇號
印刷所：明國印製有限公司
地址：台北市桂林路二四二巷五七號
電話：三〇八九八二〇
香港總經銷：藝文圖書公司
地址：九龍又一村達之路三十號地下後座
電話：三一八〇五八〇七
中華民國七十八年十一月景印初版
27203-2

ISBN 957-15-0017-8（套）